法政大学比較経済研究所 研究シリーズ32

金融市場における規制・制度の役割

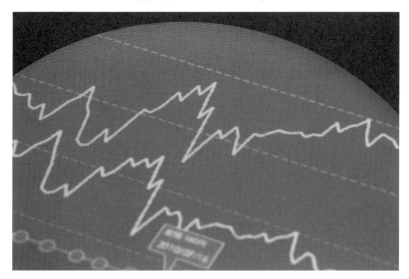

法政大学比較経済研究所／高橋秀朋【編】

日本評論社

は じ め に

　金融市場において規制・制度が果たす役割については、実務と学術の双方の立場から長い期間にわたって、それぞれ異なった見方が示されてきている。
　学術的には、従来、理論的な分析に基づき、金融市場における規制・制度は、投資家間の情報の非対称性、企業・銀行のモラル・ハザードを起こすような事後的な情報の非対称性を解決するために存在するとされていた。しかしながら、情報技術の発展により情報の非対称性の問題が改善してきている状況下において、規制・制度が従来のそうした役割を求められているのかは疑問である。現に、2000年前後の日本の証券市場では金融ビッグバンと呼ばれる金融規制緩和が行われ、情報の非対称性の問題を改善することを目的として多くの規制が緩和もしくは撤廃されたのである。
　それでは、現在の金融規制の役割とは何なのであろうか。最近では、株式市場における空売り規制や銀行に対する資産の流動性規制が行われており、これらの規制による効果を分析することが、現在の金融規則の意義を考察するうえで非常に有用であると考えられる。
　株式市場における空売り規制や銀行の保有する資産に対する規制が導入された要因として追加的に考慮しなければならない重要な概念が、「流動性」である。「流動性」とは、低いコストでの換金可能性を意味し、資産等の流動性が高いほうが、経済主体が経済的な負のショックに対して確実に対応（返済）できる状況をもたらす。
　株式市場の規制にせよ、銀行行動の規制にせよ、最近導入された規制は情報の非対称性に起因する問題を解決するためのものというより、2008年に起きたリーマン・ショックに代表される経済の短期的ショックに対するアブソーバーを確保することが長期的にみて経済の効率性に資するという実務的な

要請が、その主な動機となっていると思われる。しかしながら、規制が過度になると経済の効率性にネガティブな影響を与える側面もある。そのため、実際に導入された規制が経済にどのような影響を与え、その影響はポジティブであったのか、ネガティブであったのかを実証的に明らかにしていくことがわれわれ研究者に課された課題である。

　本書は、金融市場における規制・制度の役割を再考すべく、2014年度から2年間にわたり継続的に開催してきたわれわれの研究会における議論を通じて、各参加メンバーが当該研究会における研究テーマに関して実証的分析を行った論文を成果としてまとめている。当該プロジェクトを開始した動機は、2008年のリーマン・ショックに対応するため、空売り規制や銀行の資産サイドに対する流動性規制が導入されるなど、実務面で大きな変化が続いたことであった。当該変化は各種政策の変化の有効性の検証を伴う非常に有用な自然実験と捉えることもでき、従来の経済理論を実証する適切な場であるとも考えられる。本書の各章における実証結果は、規制を支持する立場と規制に対して否定的な立場が客観的な実証的証拠をもとに議論ができるように、実際のデータを利用して実証的証拠を提示し、今後の金融市場における規制等を策定する上で有意義になることが期待される。

　本書は大きく分けて三部構成となっている。第Ⅰ部の第1章から第3章では、株式市場に焦点を当て、空売り規制や税制の変遷が価格の情報効率性にどのような影響を与えているのかを実証的に分析している。つづく第Ⅱ部の第4章から第6章では、銀行行動に焦点を当て、銀行の保有するリスク資産、流動性に対する規制が銀行行動にどのような影響を与えているのかを実証的に分析している。最後の第Ⅲ部の第7章と第8章では、企業行動に焦点を当て、税制やガバナンスの違いが企業行動や企業の効率性にどのような影響を与えているのかを実証的に分析している。

　まず第1章では、日経225の銘柄除外という一時的な流動性需要と密接に関連する事象に注目し、その前後における空売りおよび株価の動向を分析している。日本の貸借銘柄の日次取引量のデータを利用し、空売りを行う投資家は捕食的な取引を行っている可能性が高いことがわかった。空売りを行う投資家は、銘柄除外がアナウンスメントされるとすぐに株を空売りし、イン

デックスをフォローする投資家の売りが集中し、株価が下落した実施日後に株を買い戻していることがわかった。そして、彼らのそのような行動が実施日以降のリバーサルと関連していることもわかった。これらの結果は、短期的な流動性需要を伴う事象の前後では、空売りが価格の効率性を害するような取引に利用されている可能性があることを示している。

第2章では、日本の株式譲渡税率の変遷に注目し、個人投資家の節税目的による年度末の株式売却が株式市場のアノマリーのひとつである1月効果を引き起こしているのかを検証している。株式譲渡益に対する税率の低下は個人投資家の節税効果を押し下げるため、税率が低い時期には、投資家の売却行動と1月効果の関連性は弱くなると予想される。実証結果はこの予想と整合的な結果を示し、大きな損失を抱える株式と大きな利益を抱える株式の収益率の差は、株式譲渡益に対する税率が高い期間に最も大きくなることを示している。つまり、外的要因である税制の変遷が投資家行動に強い影響を与え、価格の情報効率性が害される可能性を示唆している。

第3章では、株式市場のアノマリーのひとつであるバリュー株効果に注目し、その源泉がシステマティック・リスクではなく、ミスプライシングによるものであることを示している。ミスプライシングにより株式市場のアノマリーが引き起こされているということは、空売り規制などの存在により裁定が十分に機能していないことを示唆しており、株式市場の規制が価格の情報効率性を阻害している可能性を示唆している。

第4章では、日本の金融危機克服後の2000年代以降を分析対象にして、日本の銀行リスクの決定要因について実証的に検証を行っている。2000年代以降、銀行の預貸率が大幅に低下していること、一方でゼロ金利政策、量的緩和政策などを背景に金利水準が低位安定していること、さらに銀行による国債保有残高が増加していることなど、伝統的な銀行のビジネスモデルが想定する経済環境とは大きく異なっているため、有用な示唆が与えられる可能性がある。分析結果では、自己資本比率と銀行リスクには負の相関関係があり、自己資本比率の増加は銀行リスクを低下させることを示唆している。また、銀行の国債保有残高と銀行リスクには負の相関関係があり、銀行の安全資産保有という評価が潜在的な金利上昇リスクよりも強いことを示唆している。そして、預金比率、あるいは預貸率で測った流動性指標と銀行リスクの

間には非線形の関係があるという結果が得られ、銀行リスクはむしろ高まることを示唆している。

　第5章では、超過準備預金比率の決定要因として、機会費用、予備的動機、自己資本比率規制、公的資金注入政策、金融政策の枠組みの変化という5つの要因に注目し、ゼロ金利政策が実施されている2000年3月期から2011年3月期までの邦銀財務パネルデータを用いて分析している。その結果、超過準備預金の蓄積には銀行サイドの要因（財務的要因・業態）、および金融政策という外的要因の両面が影響を与えていたことがわかった。一方で、公的資金注入や自己資本比率規制の影響は明らかにならなかった。超過準備預金の蓄積の原因として、金融政策に銀行の超過準備預金需要を減少させる枠組み（予備的動機の機会費用の上昇やペナルティー率の低下など）が欠如していたことが原因であった可能性を挙げ、量的緩和の金融政策には、銀行のリスクテイク行動に影響を与える仕組みが欠如していたことを提示している。

　第6章では、銀行の資本構成の決定要因について、規制やセーフティーネットの存在、MM理論や最適資本構成の理論に加え、近年の銀行固有のバランスシート構造に注目し、銀行の資本構成について説明できていない部分の解明を試みている。先行研究と同様の欧米上場銀行のパネルデータを用いた分析から、銀行が資産のみならず預金調達も含めたバランスシートの構造、金融仲介コストや資金調達コスト等の効率性や収益性をも勘案の上、資本構成を決定していることが明らかになっており、資本水準を高める規制強化を行うことは銀行の最適行動を歪め、金融仲介機能の減退や非効率的な金融仲介行動の助長等、思わぬ悪影響をもたらす可能性を提起している。

　第7章では、日本の企業による節税効果の利用状況についてシミュレーションベースで検証し、その結果、総資産に対する企業がすでに享受している節税便益の割合は、直近まで低下基調になっていることを明らかにしている。そして、企業の潜在的節税便益比率を計測し、これが企業の資本構成に与える影響を検証している。その結果、負債を保守的に利用しており、追加的な節税効果を享受する余地が大きい企業は、将来時点において負債を発行し、結果として負債比率が上昇することを示している。これは、企業が資本構成の最適水準を認識していることを明らかにしたといえる一方で、現状、企業による節税効果の利用が十分にされていないことを示唆している。ま

た、企業の所有構造や取締役構成等に着目し、これらが節税効果の利用に与える影響を分析し、企業価値向上に対する意識が強い企業ほど、節税効果の利用に積極的であることが示され、ガバナンスの強化は節税効果の利用に結びついていることを示している。

第8章では、IPOの長期パフォーマンスに注目し、さまざまなタイプの機関投資家が株主となることによって、長期パフォーマンスがどのような影響を受けるのかを検証している。その結果、外国人投資家とミューチャルファンドの保有比率が高い株式において、低いクラスと比較して、高い長期パフォーマンスを得ていることが確認されている。また、追加的な検証においては、金融機関のみがIPO後の短期間において、私的情報を利用して利益を得ている可能性も観測されている。このことは、金融機関がIPO後の短期間においてのみ私的情報による取引が可能であること示している。当該実証結果は、IPO企業の事後パフォーマンスにおいてもガバナンスの強化が重要であることを示唆している。

以上のように、本書における実証結果は、制度や規制が市場価格の効率性、銀行や企業の行動に大きく影響を与えることを示しており、政策的な議論をする上で非常に有用な証左となっていると考えられる。多くの章における分析結果が現行の規制、政策、従来の制度に対してネガティブな側面が存在することを提起しており、今後、それらをどのように運用していくのかを考えていくにあたって学術的観点からだけでなく、実務的観点からも参考になれば幸いである。

本書を出版するにあたってはさまざまな方のご尽力があり、ここに謝辞を申し上げたい。特に、比較経済研究所前所長であり、当プロジェクトにもご参加いただいた胥鵬先生には多方面でご尽力いただいた。比較経済研究所現所長である近藤章夫先生、歴代のスタッフである白坂菜々子氏、関口直樹氏、西村雅史氏、土方道子氏、竹内奈津美氏、中村和正氏、そして、原稿の編集作業では日本評論社の高橋耕氏、岩元恵美氏に大変お世話になった。厚く感謝の意を記したい。本書を出版するにあたっては、法政大学比較経済研究所、科学研究費補助金（若手研究B「ガバナンス体制の違いによる企業価値への影響」〔2012〜2014年度〕、基盤研究（B）「株主総会と企業統治のグロ

ーバル比較分析」〔2013～2015年度〕)、公益財団法人野村財団（社会科学研究助成、研究題目「金融市場における規制・制度の役割：空売り規制を通じて」〔2015～2016年度〕）より研究助成を受けており、ここに記して感謝申し上げたい。

2018年3月

高橋　秀朋

目 次

はじめに　　*i*

第Ⅰ部　株式市場における取引規制と価格の効率性

第1章
法政大学経済学部　胥　鵬／高橋秀朋
流動性需要と捕食的な空売り——日経225の銘柄除外 ……………………… *3*

　はじめに　　*3*
　1．データ　　*7*
　　1.1　データ・ソース　　*7*
　　1.2　検証に利用する変数の構築　　*7*
　2．実証結果　　*11*
　　2.1　銘柄除外付近の空売り　　*11*
　　2.2　空売りと価格のリバーサル　　*16*
　　2.3　空売りポジションの解消　　*20*
　　2.4　捕食的な空売りの収益性　　*21*
　3．結　論　　*23*

第2章　　　　　　　　　　　　　　　　　　　　法政大学経済学部　髙橋秀朋
日本における株式譲渡税の税率変化と1月効果 ……………… 27

    はじめに　27
    1．データと実証方法　30
        1.1　データ　30
        1.2　未実現利益の定義　31
        1.3　実証方法　33
    2．実証結果　35
        2.1　主要結果　35
        2.2　頑健性テスト1：代替的なレファレンス・ポイント　37
        2.3　頑健性テスト2：短期的なリバーサル　39
        2.4　取引数量を用いた分析　40
    3．結論　41

第3章　　　　　　　　　　　　　法政大学大学院経済学研究科博士後期課程　塩見直也
バリュー効果はミスプライシングによるものか
——日本株式市場における実証分析 ……………… 45

    はじめに　45
    1．データ　47
        1.1　主要なデータ　47
        1.2　変数の定義　47
        1.3　*RedBM* の推定　49
        1.4　バリュー効果と企業属性のアノマリー　49
    2．実証結果　54
        2.1　*RedBM* で分割したポートフォリオ　54
        2.2　*RedBM* と裁定の限界の代理変数で分割したポートフォリオ　55
    3．おわりに　60

第Ⅱ部　銀行規制と経済の効率性

第4章　2000年代における銀行リスクの決定要因
――自己資本、流動性と銀行リスク ……………… 65

一橋大学大学院商学研究科　安田行宏

はじめに　65
1．2000年代における日本の銀行業が置かれた状況　66
2．先行研究と仮説構築　68
3．データと実証方法　72
4．実証結果　75
　4.1　非線形の定式化　77
　4.2　頑健性のテスト　80
5．今後の分析課題　82
　5.1　流動性創出の指標に基づく検証　82
　5.2　地域特性を踏まえた検証　83
　5.3　キャッシュフロー計算書の情報有用性の検証　83
　5.4　金融政策の影響を踏まえた検証　84
6．おわりに　84

第5章　邦銀による超過準備預金保有はなぜ起こったのか？
――邦銀財務パネルデータを用いた分析 ……………… 87

埼玉大学大学院人文社会科学研究科・経済学部　長田　健

はじめに　87
1．準備預金制度と超過準備預金比率の推移　91
2．超過準備預金保有行動：理論的考察　97
3．データと推定式　101
4．推定結果と分析　104

5．結　論　　*110*

第6章
埼玉大学大学院人文社会科学研究科博士後期課程　木内　卓
銀行の資本構成の決定要因──欧米銀行のデータに基づく検証 …… *115*

はじめに　　*115*
1．銀行の資本構成の決定要因について
　　バランスシート構造から説明する理論　　*118*
2．実証分析　　*121*
　2.1　推定式　　*121*
　2.2　データと記述統計量　　*124*
　2.3　分　析　　*127*
　2.4　米国・EUの銀行のグループ分け　　*132*
　2.5　分析結果に基づく議論とインプリケーション、今後の課題　　*136*
3．結　論　　*139*

第Ⅲ部　企業行動とコーポレート・ガバナンス

第7章
日本政策投資銀行　岡本弦一郎
わが国における負債の節税効果の利用 ……………………………………… *145*

はじめに　　*145*
1．節税効果の先行研究　　*147*
2．仮説と検証方法　　*151*
　2.1　仮　説　　*151*
　2.2　検証方法　　*151*
　2.3　補完的な仮説　　*154*
3．データと変数　　*156*

3.1　データ　　156
　3.2　潜在的な節税便益　　157
　3.3　コントロール変数　　160
　3.4　ガバナンス変数　　161
4．実証分析　　163
5．結　論　　166

第8章　IPOアンダーパフォーマンスと所有構造の関連性について　　一橋大学大学院商学研究科修士課程修了　宮崎　絵　　171

はじめに　　171
1．データ　　174
　1.1　IPOのデータ　　174
　1.2　カレンダータイム・ポートフォリオ（CTP）・アプローチ　　174
　1.3　記述統計量　　175
2．実証結果　　176
　2.1　機関投資家とIPO後の長期パフォーマンスの関連性　　176
　2.2　機関投資家のIPO企業への投資決定要因　　178
　2.3　企業特性とIPO後の長期パフォーマンスの関連性　　182
　2.4　機関投資家と長期パフォーマンスの関連性の発生原因　　184
3．結　論　　187

索　引　　191

執筆者紹介　　193

第Ⅰ部

株式市場における取引規制と価格の効率性

第1章

流動性需要と捕食的な空売り[1]

日経225の銘柄除外

法政大学経済学部　胥　鵬／髙橋 秀朋

はじめに

　空売りが株価に与える影響は今現在もファイナンスの学術世界において議論され、結論が出ていないトピックのひとつである。空売りを行う投資家の役割に関して、ファイナンスの研究者は2つの異なった見方を提供している。1つ目が、投資家の空売りは株価の過大評価を是正し、価格の情報効率性に寄与するという考えである (Miller, 1977; Diamond and Verrecchia, 1987)。2つ目が、投資家の空売りは他の投資家の利益を搾取しようとする投機的な動機によって引き起こされており、彼らの行動は価格の効率性を阻害するという考えである。後者の考えは、実務家や金融市場に関わる規制当局の関係者から提起されることが多い。

　もし投資家の空売りが企業価値に関する負の情報に起因して行われているのであれば、資産価格はすぐに新しい情報を反映して価格が下落し、その効果は永続的なものとなる。つまり、空売りによる影響は永続的なもので、価

---

1) 本書は Takahashi, H. and P. Xu, "Trading activities of short-sellers around index deletions: Evidence from the Nikkei225," *Journal of Financial Markets*, 27, 132-146, 2016 を Elsevier 社の許可のもと、翻訳したものである。本論文の掲載を許可してくれた Elsevier 社には心より感謝申し上げたい。

格がリバートするようなことは起きない。多くの先行研究は空売りが価格に負の情報を反映するのに役立っているということと整合的な実証結果を提示している（Boehmer, Jones, and Zhang, 2008; Diether, Lee, and Werner, 2009; Shkilko, Van Ness, and Van Ness, 2012）。一方で、空売りを行う投資家のように情報優位な立場にある投資家が投機的な取引を行う可能性を指摘した理論的考察も存在する。Gerard and Nanda（1993）は、正の私的情報が存在する状況下で、情報優位な投資家が時価発行増資を行う前の期間において空売りを行い、価格操作を行う可能性を提示している。増資の前に空売りを行うことで市場価格を下げ、引受手にとってより低い有利な発行価格を引き出し、発行後に利益を得ようというものである。このような動機によって空売りが行われている場合、価格下落は一時的なものとなり、投機的な空売りが多いほど、発行後の価格リバートの程度が大きくなる。Henry and Koski（2010）はこの投機的な空売りが時価発行増資時に行われているという実証的な証拠を提示している。

さらに、空売りを行う動機に関して、私的情報からではなく、潜在的な価格操作を理由にして行われる可能性を示唆するアプローチが存在する[2]。Brunnermeier and Pedersen（2005）のモデルでは、将来に起こりうる流動性ショックを利用して他の投資家の利益を貪るような取引戦略の存在が提示されている。そのモデルでは、もしある投資家が株式を売却しなければならないような状況に直面すると、その流動性需要を利用してさらに売りを仕掛け、そのあと価格が十分に下落したところで買い戻そうとする捕食的な投資家が存在する可能性を提示している。捕食的な投資家による取引は市場における流動性を一時的に低下させ、流動性需要高まりにより価格の過剰反応を引き起こす。捕食的な投資家の利益は、超過流動性コストと等しくなる。

本研究では、空売りを行う投資家が、捕食的な投資戦略を実行しているのかどうかを市場インデックスの銘柄除外に関わるアナウンスメント、実施

---

[2] Allen and Gale（1992）では、価格に情報が反映されている局面では、非情報投資家は情報投資家の行動を真似して利益を得ていることが指摘されている。Goldstein and Guembel（2008）は、株式市場から企業の本源価値へのフィードバック効果によって非情報投資家が株式を売るインセンティブを与えることを利用し、情報投資家は企業の投資を歪めて利益を得、投機家は彼らの注文による価格インパクトによって利益を得ることを示唆している。

というイベントに注目して検証していくこととする。市場インデックスからの銘柄除外というイベントは、パッシブ運用を行う投資家がトラッキング・エラーを最小化するためにポートフォリオのリバランスを行うなど一時的な流動性需要が発生するという点からも捕食的な投資戦略の存在を検証していくには理想的な設定である。また、Brunnermeier and Pedersen（2005）がモデルで提示したように、市場インデックスからの銘柄除外前後における価格の変動は、戦略的な投資家にとってパッシブ運用を行っている投資家の取引による価格インパクトを利用して利益を得るには格好の状況である。本研究が市場インデックスからの銘柄除外に注目する理由は他にも存在する。過去の先行研究において、銘柄除外は短期的な需要、供給ショックと関連付けられ、新しい情報を提供するものではないとみなされているからである。Chen, Noronha, and Singal（2004）は、市場インデックスに加えられた企業が永続的な価格上昇を経験しているのに対して、銘柄除外を受けた株式は永続的な価格下落を受けないという実証的な結果を提示している。このような状況下では、私的情報に基づく取引や情報を利用した投機的な取引が起こりにくいと考えられ、空売りを行う投資家が捕食的な投資戦略を採用しているのかどうかを検証するには理想的な環境であると考えられる。

　本研究の分析においては、1998年1月から2010年12月の期間において行われた日経225からの銘柄除外をサンプルとして利用している。日本では、1997年12月以降の長い期間において日次での貸借銘柄の取引データが入手可能であり、どの程度株式が貸し出され、空売りが行われていたかを把握することが可能であり、アメリカなどの他国に比べてもより検出力の高い検証を行うことができる[3]。

　まず、市場インデックスからの銘柄除外前後における空売りの動向を探っていく。その結果、空売りは銘柄除外が公表されてからの5日間通常時よりも高い水準になることがわかった。また、空売りの数量は同時点のリターンと正の相関を持つことも明らかになった。空売りを行う投資家が事前に情報を入手している可能性を考慮し、銘柄除外が公表される前の取引動向を検証

3）アメリカの株式市場の例においては、2005年1月よりNYSE TAQデータベースが日次での空売りの取引を提供している。また、Boehmer, Jones, and Zhang（2008）は2000年から2004年までのNYSE（私有）のデータを利用している。

した結果、空売りは公表前の期間は低い水準であり、空売りを行う投資家が事前に情報を入手している可能性は見いだせなかった。つづいて、空売りによって実際に捕食的な投資戦略が実行されているのかを検証した。その結果、銘柄除外公表日においてより空売りが行われている株式は、銘柄除外実施日以降に大きな株価のリバートをみせる傾向にあることがわかった。加えて、銘柄除外公表日に空売りが多かった株式は銘柄除外実施日付近においてその返却があったことがわかっている。

捕食的な投資戦略の投資パフォーマンスの検証においては、銘柄除外公表日翌日に空売りを行い、実施日において買い戻すことで約7.5%のアブノーマルリターンを実現でき、その有効性は公表日以降、日がたつにつれ弱まっていくということがわかった。これらの実証結果は Brunnermeier and Pedersen（2005）の捕食的な取引と整合的である。

本研究は、少なくとも2つのファイナンスの先行研究と関連している。1つ目は、市場インデックスの銘柄追加・除外の株価への影響に関する研究への貢献である。Lynch and Mendenhall（1997）、Chen, Noronha, and Singal（2004）、Greenwood（2005）などの先行研究は、市場インデックスの銘柄除外公表後に対象銘柄の株価が下落し、除外実施日以降に徐々に価格が回復していくことを示している。しかしながら、このような価格動向をする理由については明らかにされていなかった。本研究の貢献は、この銘柄除外前後の価格動向に空売りによる捕食的な取引が関連している可能性を示唆することができた点であり、そのような試みを行い整合的な結果を示すことができたのは本研究が最初である。つづいて、先行研究と関連する2点目は、空売りの役割についてである。何人かの研究者は、空売りは私的情報によって引き起こされており、価格の情報効率性に寄与すると考えている（Boehmer, Jones, and Zhang, 2008; Diether, Lee, and Werner, 2009; Boehmer and Wu, 2013）。しかしながら、本研究で取り扱った銘柄除外の公表というイベントのような環境下においては、空売りが従来考えられていたような価格の効率性に寄与するような働きをせず、価格を非効率的にしてしまうこともありうるという実証的な証拠を提示しており、この点で新しい発見である。

本章の構成は以下のとおりである。第1節において、データ、検証に利用する変数の構築方法および検証方法に関して記載する。第2節において、市

場インデックスの銘柄除外付近における、空売りと価格動向の関連性を検証する。そして、第3節において、結論を述べることとする。

1．データ

1.1 データ・ソース

本研究に利用する日経225の構成銘柄の変化、除外銘柄の公表日、除外実施日は新聞等から収集したものであり、1998年1月から2010年12月までの期間において108の銘柄除外があった。日次の株式収益率および財務データは日経NEEDSより入手している。企業の合併・吸収により53のサンプルを初期のサンプルから取り除いている。残りのうち、8つのサンプルは上場廃止によりサンプルから取り除いている。その結果、残りのサンプル（以下、クリーン・サンプルという）は47となり、これらを用いて検証を行っていく。表1-1は各年におけるサンプル数およびその状況をレポートしたものである。表1-1をみてもわかるように、クリーン・サンプルのうち半分以上が2000年に集中している。この事実は、統計的手続きを行う際に、クロスセクション間の標準誤差の推定量を過小に評価してしまう可能性を示唆しており、Rogers (1993) に従い、本研究ではWhiteの分散分均一性を考慮した一致性を持つ標準誤差を用いることとする。

空売りの動きを捉えるために、本研究では日証金が発表する貸株の動向を利用する。貸株のデータは、東京証券取引所に上場するすべての貸借銘柄に関して存在し、日経会社コード、東証コード、在庫の数量、新たに貸し出された数量、返却された数量、貸出時の価格、貸出金利（日歩）の情報が含まれている。本研究では新規貸出数量を新たに空売りされた数量と、返却された数量を清算された空売りの数量と捉えている。データは1997年12月から2010年12月までの期間、入手可能である。

1.2 検証に利用する変数の構築

日経225からの銘柄除外というイベント周辺における空売りの動向を分析するため、本研究では銘柄除外のアナウンスメント日（AD）と実施日（ED）に対して、イベント・スタディの手法を適用する。異常収益率（AD）は時

表1-1　日経225からの銘柄除外のサンプル数

表1-1は、1998年から2010年における、日経225の銘柄除外のサンプル・セレクションの詳細を報告している。列"M&A"および"ディフォルト"は全サンプルのうち、それぞれ、合併・買収、倒産でサンプルから除外されたサンプル数を報告している。列"クリーン・サンプル"は、各年における分析対象となるサンプル数である。

年	銘柄除外のイベント数			
	全サンプル	クリーン・サンプル	M&A	ディフォルト
1998	2	0	2	0
1999	2	0	2	0
2000	37	32	5	0
2001	13	2	9	2
2002	12	1	8	3
2003	6	1	4	1
2004	4	3	1	0
2005	10	1	8	1
2006	4	2	2	0
2007	3	2	1	0
2008	7	2	5	0
2009	2	0	2	0
2010	6	1	4	1
合計	108	47	53	8

点tにおける企業iの収益率から日経225の収益率を差し引いたものと定義する[4]。また、累積異常収益率（CAR）はARの累積値である。本研究では、収益率の他に、空売りの数量、空売りが返却された数量、取引数量に対してもイベント・スタディの手法を適用する。そこでは、発行済み株式数によって除し標準化された、空売り数量の回転率（$SSTO$）、空売り返却数量の回転率（$SCTO$）、売買回転率（TO）を用いる。また、相対的な空売り数量（$Relss$）および相対的な空売り返却数量（$Relsc$）は、$SSTO$および$SCTO$をそれぞれTOで除し標準化したものである。

空売り数量に関わる変数にイベント・スタディの手法を適用し、各変数のベンチマークからの乖離部分を計算するため、本研究ではベンチマークの期間をアナウンスメント日の130日から11日前の期間と設定する。表1-2は、

4）頑健性のチェックとして、産業と企業規模でマッチングしたベンチマークや市場規模と簿価時価比率でマッチングしたベンチマークを利用してARを計算したが、これから示す結果には大きな影響はなかった。

表1-2　日経225銘柄除外前後における空売りの記述統計量

表1-2は、銘柄除外のアナウンスメント日および実施日前後の、空売り、空売りのポジション解消、取引数量に関する記述統計量を報告している。パネル A はベンチマーク期間となる、アナウンスメント日の130日前から11日前までの期間の記述統計量を、パネル B はアナウンスメント日の5日前からアナウンスメント日当日までの期間の記述統計量を、パネル C はアナウンスメント日の翌日から実施日前日までの期間の記述統計量を、パネル D は実施日から実施日5日後までの期間の記述統計量を報告している。変数 $SSTO$、$SSTC$、TO はそれぞれ日次の、空売量、返却された空売り数量、取引数量を回転率ベースに標準化したものである。変数 $Relss$ および $Relsc$ は、それぞれ日次の取引数量で基準化された空売りの量、空売りポジションが解消された量である。パネル E は、イベント日前後の累積異常収益率 CAR を報告している。パネル F は分析の対象となるサンプルのアナウンスメント日から実施日までの日数に関する記述統計量を報告している。

	平均	標準偏差	中央値	最大値	最小値
パネル A：ベンチマーク期間					
$SSTO$	0.024%	0.033%	0.018%	0.235%	0.000%
$Relss$	7.149%	3.030%	6.989%	15.740%	0.000%
$SCTO$	0.024%	0.036%	0.018%	0.255%	0.000%
$Relsc$	8.053%	3.273%	7.859%	14.570%	0.000%
TO	0.426%	0.712%	0.265%	4.959%	0.122%
パネル B：アナウンスメント日5日前からアナウンスメント日まで					
$SSTO$	0.031%	0.039%	0.020%	0.267%	0.000%
$Relss$	9.382%	6.743%	6.960%	30.117%	0.000%
$SCTO$	0.022%	0.026%	0.015%	0.161%	0.000%
$Relsc$	8.450%	9.028%	6.452%	62.000%	0.000%
TO	0.457%	0.573%	0.324%	3.870%	0.124%
パネル C：アナウンスメント日翌日から実施日前日まで					
$SSTO$	0.381%	0.315%	0.307%	1.189%	0.000%
$Relss$	17.086%	7.589%	19.169%	40.379%	0.000%
$SCTO$	0.079%	0.043%	0.072%	0.215%	0.000%
$Relsc$	5.693%	4.486%	4.522%	24.399%	0.000%
TO	2.249%	1.265%	1.977%	5.300%	0.413%
パネル D：実施日から実施後5日目まで					
$SSTO$	0.038%	0.037%	0.030%	0.173%	0.000%
$Relss$	3.406%	2.895%	2.746%	11.477%	0.000%
$SCTO$	0.314%	0.249%	0.246%	0.963%	0.000%
$Relsc$	23.735%	16.999%	28.166%	55.250%	0.000%
TO	1.428%	1.136%	0.995%	6.375%	0.377%
パネル E：異常収益率の記述統計量					
$CAR[AD-5, AD]$	1.410%	5.061%	2.274%	11.064%	-10.764%
$CAR[AD+1, ED-1]$	-21.111%	12.253%	-21.177%	3.325%	-51.720%
$CAR[ED, ED+20]$	14.263%	14.667%	16.571%	56.663%	-11.294%
パネル F：アナウンスメント日から実施日までの日数					
$ED-AD$	9.468	4.772	6	6	19

$SSTO$、$Relss$、$SCTO$、$Relsc$、TO のベンチマーク期間およびイベント周辺の期間における記述統計量を報告している。表1-2の最終列をみると、いくつかの企業のベンチマーク期間における空売り数量がゼロとなっていることがわかる。これは表1-1の説明にもあったように、いくつかの企業が合併・吸収により削除されているためである。本研究の対象はクリーン・サンプルの企業にあるが、それらの中でも2つの企業の空売り数量がゼロであった。これは当該2企業が貸借銘柄に指定されていないためである。当該2企業に関しては、$SSTO$、$Relss$、$SCTO$、$Relsc$、TO のベンチマークを計算できないため、サンプルには含めず分析の対象としないこととする。

本研究は、Christophe, Ferri, and Angel（2004）と同様に、時点 t における企業 i の異常空売り数量 $Abss_{i,t}$ を下記のように定義する。

$$Abss_{i,t} = \frac{SSTO_{i,t}}{SSTO_{i,bench}} - 1$$

$SSTO_{i,bench}$ はベンチマーク期間における空売りの数量を平均し、発行済み株式総数で基準化したものである。さらに、異常相対的空売り数量 $Abrelss_{i,t}$ を下記のように定義する。この $Abrelss_{i,t}$ は、取引数量が減少するほど、大きな値をとるという特徴を持つ。

$$Abrelss_{i,t} = \frac{Relss_{i,t}}{Relss_{i,bench}} - 1$$

空売り返却数量に対しても同様のイベント・スタディの手法を適用するため、異常空売り返却数量 $Absc_{i,t}$ および異常相対的空売り返却数量 $Abrelsc_{i,t}$ は下記のように定義される。

$$Absc_{i,t} = \frac{SCTO_{i,t}}{SCTO_{i,bench}} - 1$$

$$Abrelsc_{i,t} = \frac{Relsc_{i,t}}{Relsc_{i,bench}} - 1$$

さらに、時点 t における企業 i の異常取引数量 $Abto_{i,t}$ を下記のように定義

する。

$$Abto_{i,t} = \frac{TO_{i,t}}{TO_{i,bench}} - 1$$

さらに、期間 $[t_1, t_2]$ における $Abss_{i,t}$、$Abrelss_{i,t}$、$Absc_{i,t}$、$Abrelsc_{i,t}$、$Abto_{i,t}$ は下記のように計算される。

$$Abss_i[t_1, t_2] = \frac{1}{t_2 - t_1} \sum_{t=t_1}^{t_2} Abss_{i,t}$$

$$Abrelss_i[t_1, t_2] = \frac{1}{t_2 - t_1} \sum_{t=t_1}^{t_2} Abrelss_{i,t}$$

$$Absc_i[t_1, t_2] = \frac{1}{t_2 - t_1} \sum_{t=t_1}^{t_2} Absc_{i,t}$$

$$Abrelsc_i[t_1, t_2] = \frac{1}{t_2 - t_1} \sum_{t=t_1}^{t_2} Abrelsc_{i,t}$$

$$Abto_i[t_1, t_2] = \frac{1}{t_2 - t_1} \sum_{t=t_1}^{t_2} Abto_{i,t}$$

2．実証結果

本節では、実証結果を記述していく。まず、イベント・スタディの手法を用いて日経225の銘柄除外付近での空売りの動向を検証していく。つづいて、空売りを行う投資家の取引行動が、Brunnermier and Pedersen（2005）で言われたように捕食的であるのかを検証し、彼らの取引行動が利益をもたらすような行動であるかもあわせて検証する。

2.1 銘柄除外付近の空売り

表1-2のパネルB～Eから、日経225の銘柄除外アナウンスメント日、実施日前後における、空売り、空売りされた株式の返却、取引数量、CARの簡単な状況がわかる。表1-2のパネルBとパネルCをみると、空売りの数量と取引数量がアナウンスメント日前に比べて著しく増加していることがわか

表1-3 銘柄除外アナウンスメント日付近における異常収益率と空売りの動向

表1-3は、銘柄除外のアナウンスメント日および実施日前後のさまざまな期間における、異常 SSTO (Abss)、異常 Relss (Abrelss)、異常 SCTO (Absc)、異常 Relsc (Abrelsc)、異常売買回転率 (Abto)、異常収益率 (AR) を報告している。Abss (Abrelss) は、ベンチマーク期間（アナウンスメント日の130日前から11日前までの期間）における SSTO (Relss) の平均で検証対象期間の SSTO (Relss) を除し、そこから1を引いた値である。Absc (Abrelsc) は、ベンチマーク期間（アナウンスメント日の130日前から11日前までの期間）における SCTO (Relsc) の平均で検証対象期間の SCTO (Relsc) を除し、そこから1を引いた値である。Abto は、ベンチマーク期間（アナウンスメント日の130日前から11日前までの期間）における TO の平均で検証対象期間の TO を除し、そこから1を引いた値である。AR は、ベンチマークを日経225の収益率とし、それに対する超過収益率である。パネル A は以上の変数の平均値を、パネル B は以上の変数の中央値を、パネル C は差を報告している。平均および平均の差の検定には、アナウンスメント日でクラスターされた頑健な標準偏差を用いている。また、中央値の差の検定には Wilcoxon の順位和検定を用いている。*は10％の有意水準、**は5％の有意水準、***は1％の有意水準で有意であることを示している。

期間＼変数	Abss	Abrelss	Absc	Abrelsc	Abto	CAR
パネル A：空売り、空売りポジションの解消、売買回転率、CAR の平均						
1：[AD−5, AD]	0.558	0.346	0.245	0.052	0.246***	0.014
2：[AD+1, ED−1]	19.213***	1.431***	3.292***	−0.233	6.711***	−0.211***
3：[ED, ED+1]	0.828**	−0.630***	44.676***	6.072**	5.126***	0.032*
4：[ED+2, ED+5]	1.206*	−0.388**	1.249***	−0.291***	2.602***	−0.007
パネル B：空売り、空売りポジションの解消、売買回転率、CAR の中央値						
1：[AD−5, AD]	0.287**	0.106*	−0.175	−0.110	0.169***	0.023**
2：[AD+1, ED−1]	18.376***	1.363***	3.002***	−0.410***	6.912***	−0.212***
3：[ED, ED+1]	−0.139	−0.824***	41.359***	5.948***	4.797***	0.035**
4：[ED+2, ED+5]	0.167**	−0.548***	0.617**	−0.424***	1.610**	−0.011
パネル C：平均の差						
$2−1$	18.655**	1.085***	3.048***	−0.285*	6.465***	−0.225***
$3−2$	−18.385**	−2.061***	41.384***	6.306**	−1.585	0.243***
$4−3$	0.377	0.242*	−43.427***	−6.363***	−2.524***	−0.039

る。特に、空売りの数量の増加は顕著であり、表1-2のパネル C は取引数量の増加のうち最大で40.38％が空売りであることを示している。そして、表1-2パネル D をみると、銘柄除外を実際に実施すると空売り数量、相対的な空売り数量ともに大幅に減少していることがわかる。この傾向は表1-3でも観察することができ、異常な空売り、空売り株式の返却、取引数量を報告している表1-3では、異常な空売りがアナウンスメント日翌日から実施日前日まで増加し、実施日以降減少していくことがわかる。

つづいて、銘柄除外付近における価格動向に注目する。表1-2のパネル E から、アナウンスメント日から実施日までに株価が21.10％下落しているこ

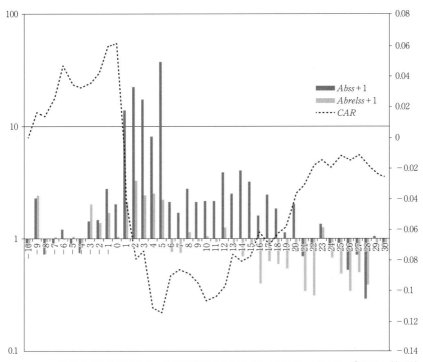

x 軸はイベント日であり、0時点はアナウンスメント日となっている。左側の y 軸は対数表示した、$Abss+1$ もしくは $Abrelss+1$ の目盛である。右側の z 軸は、CAR の目盛である。

図1-1 銘柄除外のアナウンスメント日前後における空売りおよび累積異常収益率の動き

とがわかる。しかしながら、実施日以降の21日間で平均14.26％価格が上昇しており、価格のリバーサルが観測できる。図1-1の破線をみてもこの傾向が観測でき、価格のリバーサルはだいたい25営業日後まで続いている。この傾向は Chen, Noronha, and Singal（2004）や Greenwood（2005）と整合的で、日経225からの銘柄除外というイベントは永続的な価格下落を引き起こしていないということを示している。図1-1からは株価が銘柄除外のほぼアナウンスメント前の水準に戻っていることがわかる。それゆえ、日本の日経225の銘柄除外は負の情報を伴ったイベントではなく、需要もしくは供給ショックによって価格変化を起こすようなイベントであり、需要・供給ショックが起きた時に投資家がどのような行動をするのかを分析するにあたっては理想

表1-4　アナウンスメント日付近における異常空売り数量と異常収益率の関係性

　表1-4は、アナウンスメント日前後における $Abss$ および $Abrelss$ を、アナウンスメント日、アナウンスメント日以前、アナウンスメント日以降のAR上に回帰し、得られた係数を報告している。被説明変数で利用される $Abss$ および $Abrelss$ は、アナウンスメント日とその前5日間の $SSTO$ もしくは $Relss$ の合計（モデル1、2）、アナウンスメント日翌日から実施日前日までの $SSTO$ もしくは $Relss$ の合計（モデル3、4）をベンチマーク期間の $SSTO$ もしくは $Relss$ で除したものである。表の括弧内に報告される p 値の計算にはアナウンスメント日でクラスターされた頑健な標準偏差を用いている。

説明変数＼被説明変数	モデル1 $Abss$ $[AD-5, AD]$	モデル2 $Abrelss$ $[AD-5, AD]$	モデル3 $Abss$ $[AD+1, ED-1]$	モデル4 $Abrelss$ $[AD+1, ED-1]$
切片	0.669 [0.024]	0.500 [0.016]	−1.961 [0.250]	1.063 [0.002]
$CAR[AD-10, AD-6]$	2.537 [0.351]	3.562 [0.253]		
$CAR[AD-5, AD]$	−15.943 [0.034]	−12.196 [0.006]	21.056 [0.189]	0.523 [0.874]
$CAR[AD+1]$	3.360 [0.334]	1.567 [0.471]	−1.218 [0.923]	−2.406 [0.245]
$CAR[AD+2, ED-1]$			−15.924 [0.005]	−1.153 [0.149]
$Abto[AD-5, AD]$	1.387 [0.025]			
$Abto[AD+1, ED-1]$			2.727 [0.000]	
決定係数	0.510	0.408	0.839	0.082

的な状況であるといえる（Greenwood, 2005）。

　本研究では、銘柄除外が何らかの私的情報によって引き起こされた可能性も検証している。もし空売りを行う投資家が銘柄除外に関する私的情報を事前に保有していれば、彼らはアナウンスメント日前に株式を売ることができる。表1-3のパネルAは、アナウンスメント日の直前における $Abss$ および $Abrelss$ は正であるが、統計的に有意な値はとっていないことを示しており、空売りを行う投資家は銘柄除外のイベント日前に私的情報をもとに取引は行っていないと考えられる。表1-4における結果もこのことを支持する証拠を提示している。Christophe, Ferri, and Angel（2004）やHenry and Koski（2010）のように、イベント日における異常収益率を私的情報のインパクトと考え、それがイベント前の異常空売り数量にどのような影響を与えている

のかを検証する。具体的には、彼らの研究に従い、アナウンスメント日前6日間の異常空売り数量の平均 $Abss_i[AD-5, AD]$ または $Abrelss_i[AD-5, AD]$ をアナウンスメント日の異常収益率 $AR[AD+1]$ およびコントロール変数に回帰する。つまり、下記のようなモデルを推定する。

$$Short_i[AD-5, AD]$$
$$= \alpha + \beta_1 CAR_i[AD-10, AD-6] + \beta_2 CAR_i[AD-5, AD] + \beta_3 AR_i[AD+1]$$
$$+ \beta_4 Abto_i[AD-5, AD] + \varepsilon_i$$

ここで、被説明変数である $Short_i[AD-5, AD]$ には、$Abss_i[AD-5, AD]$ もしくは $Abrelss_i[AD-5, AD]$ を用いる。Rogers (1993) に従い、標準誤差はアナウンスメント日でクラスターした White の標準誤差を用いることとする。$AR_i[AD+1]$ の係数が負になれば、空売りを行う投資家が情報優位にあり、負のインパクトを持つ情報を含む銘柄除外を予測できるということを示唆している。表1-4のモデル1をみると、アナウンスメント日前の空売りはアナウンスメント日における株式収益率と負の関係にないことがわかる。被説明変数を $Abrelss_i[AD-5, AD]$ に変えたモデル2においても同様の結果であり、これは空売りを行う投資家が負の情報に基づいて取引を行っているわけではないということを示唆している。

　空売りを行う投資家は一般的に、同時点の株式収益率に対して逆張り（コントラリアン）をし、その彼らの行動が価格の過大評価の是正に役立っていることが実証的に明らかにされている（Boehmer, Jones, and Zhang, 2008; Diether, Lee, and Werner, 2009）。ここでは、空売りを行う投資家が先行研究で言われているコントラリアンと整合的な行動を、銘柄除外のアナウンスメント日前後でとっているのかを検証していく。図1-1で示されているように、銘柄除外アナウンスメント後の急激な価格の下落は、急激な空売りの上昇を伴っていることがわかる。これは、空売りが銘柄除外アナウンスメント日以降の価格下落と関わっている可能性を示唆している。

　表1-4のモデル3およびモデル4においては、空売りと株式収益率の同時点での関係性をより詳細に分析している。アナウンスメント日以降の異常な空売り数量を同時点の異常収益率およびコントロール変数に回帰している。つまり、下記のようなモデルを推定する。

$$\begin{aligned}Short_i&[AD+1, ED-1]\\&= \alpha+\beta_1 CAR_i[AD-5, AD]+\beta_2 AR_i[AD+1]+\beta_3 CAR_i[AD+2, ED-1]\\&\quad +\beta_4 Abto_i[AD+1, ED-1]+\varepsilon_i\end{aligned}$$

表1-4のモデル1およびモデル2と同様に、標準誤差はアナウンスメント日でクラスターしたWhiteの標準誤差を用いることとする。表1-4のモデル3およびモデル4が示すように、$AR_i[AD+1]$と$CAR_i[AD+2, ED-1]$の係数は負を示している。もし空売りを行う投資家が市場における過大評価を見つけて取引を行うのであれば、彼らは逆張り戦略をとるため、アナウンスメント日以降に大きな価格下落をしているような株式を取引することはないはずである。表1-4のモデル3およびモデル4はこの予測とは反する結果であり、空売りを行う投資家は銘柄除外のアナウンスメント日以降、価格下落の大きい株式を積極的に取引している。この結果は、銘柄除外のアナウンスメント日付近において、空売りを行う投資家はコントラリアンとして行動しておらず、株価の過大評価を是正するような役割を果たしていないということを示唆している。

　ここまで、本研究では銘柄除外のアナウンスメント日付近の空売りは、情報によるものでも、価格の過大評価を是正するものでもなさそうであるということを示してきた。むしろ、空売りは、Brunnermeier and Pedersen (2005)で言われている捕食的な取引である可能性を提示した。彼らの理論によると、捕食的な投資家は流動性需要による注文が入ることによって起きる価格のインパクトを考慮し、短期的な価格の下落を予想する。本研究で示した実証結果は当該理論と整合的であるが、空売りを行う投資家が捕食的であるという結論を出すことはまだできない。なぜなら、捕食的な投資家の取引によってさらに強められた価格下落の短期的な影響はその後解消され、それが収益率のリバーサルという形で観測でき、その傾向の有無を検証する必要があるからである。そのため、次項ではアナウンスメント日以降の空売り量とその後の価格がリバートする程度に正の関係があるのかを検証していく。

2.2　空売りと価格のリバーサル

　ここまでの項で、空売りが捕食的な取引である可能性を示した。本項で

は、日経225の銘柄除外のアナウンスメント日付近で起きる空売りの程度がその後の収益率と関係があるのかを検証していく。空売りが捕食的な取引であるという仮説と整合的であるためには、アナウンスメント日後の空売りが多い株式の株価リバーサルの程度が強くなるということを示す必要がある。空売りが銘柄除外のアナウンスメント日付近の株価へ与える影響を検証するために、ここでは下記のクロスセクション回帰を行う。

$$CAR_i[ED, ED+t]$$
$$= \alpha + \beta_1 Short_i[AD-5, AD] + \beta_2 AShort_i[AD+1, ED-1] + \varepsilon_i$$

被説明変数には、銘柄除外実施日以降 t 日間の CAR を用いる。図1-2をみてもわかるように、価格のリバーサルは実施日以降に起きている。この価格のリバーサルの過程は大まかに20営業日後まで続いている[5]。それゆえ、銘柄除外実施後の累積異常リターンを計測する期間を20営業日以上と設定し、その累積異常リターンをアナウンスメント日以前の空売り、アナウンスメント日以降実施日前までの空売りという変数上に回帰する。第1項の $Short_i[AD-5, AD]$ は、銘柄除外が永続的な価格下落をもたらすような負の情報を含んでいる可能性を考慮し、念のため含めている。第2項の $Short_i[AD+1, ED-1]$ は、前項で明らかになった捕食的な取引と整合的な空売りの影響を捉える変数である。空売りが捕食的な取引であるという仮説と整合的になるためには、$Short_i[AD+1, ED-1]$ の係数が正になる必要がある。前項と同様に、$Short_i$ の変数として、$Abss_i$ もしくは $Abrelss_i$ を用いる。すべての回帰モデルにおいて、アナウンスメント日でクラスターされた White の頑健な標準偏差を用いることとする。

回帰モデルの推定結果は表1-5に報告されている。モデル1と2は被説明

---

5) このゆっくりとした価格のリバーサルは Lynch and Mendenhall（1997）、Madhavan（2003）、Chen, Noronha, and Singal（2004）、Greenwood（2005）、Onayev and Zdorovtsov（2007）、Ahn, Jun, and Chung（2010）が示した実証結果と整合的である。このような価格のリバーサルが長い期間残る背景には、買う側の投資家が売る側の投資家に比べて洗練されていないことが考えられる。Hirose, Kato, and Bremer（2009）はこの推論を支持する実証結果を示している。日本の買いポジションにおける信用取引は洗練されていない個人投資家によって占められていることが指摘されている。さらに、Duffie（2010）も理論的に急激な価格上昇後にゆっくりとした価格リバーサルが起きることを示している。

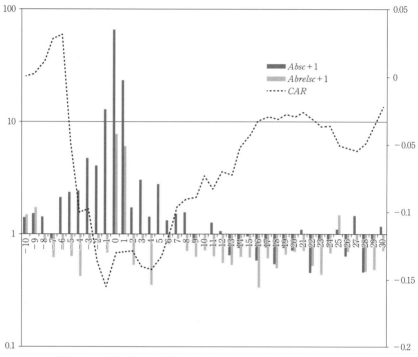

x軸はイベント日であり、0時点はアナウンスメント日となっている。左側のy軸は対数表示した、$Absc+1$もしくは$Abrelsc+1$の目盛である。右側のz軸は、CARの目盛である。

図1-2 銘柄除外実施日前後における空売りポジションの解消および累積異常収益率の動き

変数として$CAR_i[ED, ED+20]$を用いた場合の結果を報告している。これら2つのモデルの結果が示すように、異常空売り数量の係数は実施日以降の価格のリバーサルに対して正の影響を与えることがわかる。モデル1においては、$Abss_i[AD+1, ED-1]$の係数が0.0069となっており、その値は1%の有意水準で統計的に有意である。また、モデル2においては、$Abrelss_i[AD+1, ED-1]$の係数が0.0504となっており、その値は10%の有意水準で統計的に有意である。以上の結果から、アナウンスメント日から実施日までの空売りが多かった株式が、実施日以降において大きな価格リバーサルをみせるということがわかった。この結果は、アナウンスメント日以降

表1-5 実施日以降の異常収益率と実施日以前の空売りの関係性

表1-5は、銘柄除外実施日以降の株式収益率をアナウンスメント日以前、アナウンスメント日以降実施日前までの空売りに回帰した結果である。空売りの変数には $Abss$ もしくは $Abrelss$ を用いている。被説明変数の株式収益率の測定期間は実施日以降20日、40日、60日という3パターンで計測している。表の括弧内に報告される p 値の計算にはアナウンスメント日でクラスターされた頑健な標準偏差を用いている。

被説明変数:$CAR[ED, ED+t]$	モデル1 $t=20$	モデル2 $t=20$	モデル3 $t=40$	モデル4 $t=40$	モデル5 $t=60$	モデル6 $t=60$
切片	0.0204 [0.745]	0.0964 [0.215]	0.0203 [0.775]	0.0862 [0.324]	0.0478 [0.570]	0.1473 [0.194]
$Abss[AD-5, AD]$	−0.0082 [0.709]		−0.0024 [0.940]		−0.0101 [0.753]	
$Abss[AD+1, ED-1]$	0.0069 [0.003]		0.0082 [0.003]		0.0106 [0.002]	
$Abrelss[AD-5, AD]$		−0.0572 [0.017]		−0.0586 [0.084]		−0.0869 [0.040]
$Abrelss[AD+1, ED-1]$		0.0504 [0.097]		0.0778 [0.089]		0.0896 [0.066]
決定係数	0.475	0.207	0.370	0.162	0.373	0.170

の空売りが価格の非効率性を引き起こしていることを示唆し、空売りを行う投資家が捕食的に行動していることがわかる。

　頑健性のチェックとして、より長い期間の CAR を用いた推定結果を表1-5のモデル3～6に報告している。$Abss_i[AD+1, ED-1]$ を $Short$ の変数として用いた場合の結果をモデル3（保有期間40日）とモデル5（保有期間60日）に報告しているが、いずれの結果も $Abss_i[AD+1, ED-1]$ の係数は正で、1%の有意水準で統計的に有意である。また、$Abrelss_i[AD+1, ED-1]$ を $Short$ の変数として用いたモデル4（保有期間40日）とモデル6（保有期間60日）でも、$Abrelss_i[AD+1, ED-1]$ の係数は正で、10%の有意水準で統計的に有意である。前項の結果と合わせて総合的に判断すると、これまでの実証結果は空売りを行う投資家は捕食的な取引を行い、価格の効率性を害している可能性があることを示している。彼らの捕食的な取引は情報に関係ない短期的な価格の上昇を引き起こし、それが結果として価格リバーサルを引き起こすのである。

2.3 空売りポジションの解消

本項では、空売りが捕食的な取引として利用されていることの追加的な実証的証拠を明らかにするために、空売りを行っている投資家がどのように空売りのポジションを解消するのかを検証していく。Brunnermeier and Pedersen（2005）によると、捕食的な投資家は銘柄除外実施時点で株式を買い戻し、空売りのポジションを解消することが予想される。もし銘柄除外の周辺で空売りが捕食的な取引の手段として利用されているとしたら、アナウンスメント日以降実施日前までの空売りが多いほど、実施日前後でのポジションの解消が多いことが予想される。アナウンスメント日周辺における空売りとその後のポジションの解消の関係性を検証するために、下記の回帰モデルを推定する。

$$Shortc_i[ED, ED+1] = \alpha + \beta_1 Short_i[AD-5, AD] + \beta_2 AShort_i[AD+1, ED-1] + \varepsilon_i$$

被説明変数の $Shortc_i$ として、実施日以降2日間の $Absc_i$ もしくは $Abrelsc_i$ を用いている。実施日以降2日間とする理由は、パッシブ運用を行うようなインデックスをフォローするファンドは、トラッキング・エラーを最小化するため、取引が実施日前後に集中することが考えられるためである。また、空売りの解消に関する図1-2をみてもわかるように、空売りのポジション解消は実施日前後に集中していることも理由のひとつである。捕食的な取引と関係のない永続的な価格下落をもたらすような負の情報を含んでいる可能性を考慮し、$Short_i[AD-5, AD]$ をコントロール変数として含んでいる。空売りが捕食的な取引として利用されているという仮説と整合的になるためには、$Short_i[AD+1, ED-1]$ の係数が正になることが予想される。回帰モデルの標準偏差にはアナウンスメント日でクラスターされた White の頑健な標準偏差が用いられている。

上記回帰モデルの推定結果は表1-6に報告されている。モデル1および2が示すように、$Short_i[AD+1, ED-1]$ の係数は正であり、1％の有意水準で統計的に有意である。この結果はコントロール変数を加えたモデル3および4でも変化しない。表1-6における結果はアナウンスメント日前後における空売りが実施日前後における空売りのポジション解消を引き起こすという

表1-6 実施日以降の空売りポジションの解消と実施日前の空売りの関係性

表1-6は、実施日における $Absc$ および $Abrelsc$ を、アナウンスメント日、アナウンスメント日以降の空売りの変数上に回帰し、得られた係数を報告している。被説明変数で利用される $Absc$ および $Abrelsc$ は、実施日とその翌日の $SCTO$ もしくは $Relsc$ の合計をベンチマーク期間の $SSTO$ もしくは $Relss$ で除したものである。表の括弧内に報告される p 値の計算にはアナウンスメント日でクラスターされた頑健な標準偏差を用いている。

説明変数＼被説明変数	モデル1 $Absc$ $[ED, ED+1]$	モデル2 $Abrelsc$ $[ED, ED+1]$	モデル3 $Absc$ $[ED, ED+1]$	モデル4 $Abrelsc$ $[ED, ED+1]$
切片	2.986 [0.268]	1.124 [0.604]	2.315 [0.315]	1.544 [0.445]
$Abss[AD-5, AD]$			0.672 [0.525]	
$Abss[AD+1, ED-1]$	2.170 [0.000]		2.185 [0.000]	
$Abrelss[AD-5, AD]$				−1.384 [0.010]
$Abrelss[AD+1, ED-1]$		3.458 [0.051]		3.499 [0.035]
決定係数	0.943	0.227	0.944	0.306

予想に実証的な支持を与えるものであり、当該結果は空売りに関わる一連の取引が捕食的な取引として利用されていることを示唆している。

2.4 捕食的な空売りの収益性

本項では、日経225銘柄除外アナウンスメント日における空売りと実施日における空売りポジションの解消という捕食的な取引戦略が利益につながっているのかを検証する。Brunnermeier and Pedersen（2005）によると、捕食的な取引は利益をもたらすものであり、この仮説を検証するために日経225銘柄除外前後での空売りを行う投資家の投資パフォーマンスの評価を行う。特定の投資家の売買状況を把握することはできないため、投資家が時点 $t_1 = (AD, AD+1, AD+2, AD+3, AD+4, AD+5)$ で空売りを行い、時点 $t_2 = (ED, ED+1)$ でポジションの解消をしているとみなして、パフォーマンスの評価を行う。既出の表1-2のパネルFから、アナウンスメント日と実施日の最短期間が6営業日であったため、ここでは $AD+5$ の期間まで空売りポジションの開始時点を延ばすこととする。そして、時点 t_1 で実際に空

表1-7　捕食的な空売りの収益性

　表1-7は、銘柄除外アナウンスメント日もしくはそれ以降の5日間の間に空売りを行い、銘柄除外実施日もしくはその翌日に空売りポジションを解消した場合の取引戦略の投資パフォーマンスを報告している。列は空売りポジションの開始時点、行は空売りポジションの解消時点である。パネルAにはリスク調整前収益率、パネルBには市場に対する超過収益率が記載されている。各投資パフォーマンスの統計的有意性の検定にはアナウンスメント日でクラスターされた頑健な標準偏差が用いられ、そのp値が括弧内に報告されている。

空売りポジションの解消時点	空売りポジションの開始時点					
	AD	$AD+1$	$AD+2$	$AD+3$	$AD+4$	$AD+5$
パネルA：リスク調整前収益率						
ED	18.692% [0.003]	9.067% [0.000]	2.869% [0.033]	5.414% [0.000]	2.362% [0.330]	−4.493% [0.002]
$ED+1$	19.491% [0.002]	9.518% [0.000]	2.709% [0.039]	5.328% [0.000]	2.509% [0.293]	−4.510% [0.007]
パネルB：市場に対する超過収益率						
ED	13.995% [0.000]	7.840% [0.000]	1.025% [0.575]	3.038% [0.010]	1.487% [0.543]	−2.956% [0.035]
$ED+1$	14.494% [0.000]	7.859% [0.000]	0.065% [0.974]	2.135% [0.114]	1.795% [0.539]	−3.956% [0.035]

売りがされた取引額（$SYV_{i,t}$）によってウェイト付けをし、投資収益率および日経225を超過する投資収益率を計算する。具体的には、下記のような式で投資パフォーマンス（IP）を計測する。

$$IP = \sum_{i=1}^{N} \frac{SYV_{i,t}}{\sum_{i=1}^{N} SYV_{i,t}} \left(\prod_{t=t_1}^{t_2} (1 + re\ t_{i,t}) - 1 \right)$$

表1-7のパネルAおよびBはさまざまな投資期間における投資パフォーマンスを報告している。また、括弧内に報告されているp値はアナウンスメント日でクラスターされたWhiteの標準偏差を利用して計算している。表1-7のパネルAおよびBをみると、捕食的な取引の収益性は、空売りポジションの開始時点がアナウンスメント日から乖離していくほど、低くなっていくのがわかる。アナウンスメント日の翌日に空売りを行ったケースでは、実施日にポジションの解消を行うことで7.84％の超過収益を得ることができる。一方で、空売りの開始時点をアナウンスメント日から4日後にすると、超過収

益率は1.49％まで低下してしまう。このことは、アナウンスメント日直後に空売りを行うことで利益を獲得することが可能であり、Brunnermeier and Pedersen（2005）のいう捕食的な取引は投資家に収益をもたらすということを示している。

3．結論

本研究では、日経225の銘柄除外というイベントに注目し、アナウンスメント日における空売りと実施日以降の株価動向の関係から、空売りが捕食的な取引に利用されているかを検証した。日経225の銘柄除外に注目したのは、当該イベントが流動性需要に大きく影響を受けるイベントで、他の動機による取引の影響が少ないと考えられたためである。

日次の空売りのデータを用いて、空売りが捕食的な取引に利用されている可能性が高いことがわかり、空売りを行う投資家は銘柄除外のアナウンスメントがされるとすぐに空売りを行い、実施日においてポジションの解消を行うような傾向があることがわかった。さらに、アナウンスメント日以降に大きく空売りをされた株式は実施日以降にリバーサルをみせることもわかり、この傾向の程度は空売りの量が多いほど顕著であった。さらに、捕食的な空売りの収益性を検証した結果、それは十分に超過リターンを得られるものであることがわかった。

以上の結果から、空売りは従来ファイナンスの学術的な世界で指示されていた価格の歪みを是正するというポジティブな側面だけでなく、捕食的な取引に利用され価格の効率性を歪めてしまうようなネガティブな側面も存在することがわかった。本研究は、Brunnermeier and Pedersen（2005）が提示した理論に対して実証的なサポートを提示するだけでなく、これまで明らかになっていなかった銘柄除外後の価格のリバーサルの原因のひとつを提示したという点で既存研究に対して貢献をしたといえる。

参考文献

Ahn, H-J., Jun, C. and Chung, J. M. (2010) "Do informed traders trade more when the market is thick? Evidence from the Nikkei 225 Index redefinition of April 2000," *Asia Pacific Journal of Financial Studies* 39, 495-523.

Allen, F. and Gale, D. (1992) "Stock-price manipulation," *Review of Financial Studies*, 5, 503-529.

Boehmer, E., Jones, C. and Zhang, X. (2008) "Which shorts are informed?" *Journal of Finance*, 63, 491-527.

Boehmer, E. and Wu, J. (2013) "Short selling and the price discovery process," *Review of Financial Studies*, 26, 287-322.

Brunnermeier, M. and Pedersen, L. H. (2005) "Predatory trading," *Journal of Finance*, 60, 1825-1863.

Chen, H., Noronha, G. and Singal, V. (2004) "The price response to S&P 500 Index additions and deletions: Evidence of asymmetry and a new explanation," *Journal of Finance*, 59, 1901-1930.

Christophe, S. E., Ferri, M. G. and Angel, J. J. (2004) "Short-selling prior to earnings announcements," *Journal of Finance*, 59, 1845-1876.

D'Avolio, G. (2002) "The market for borrowing stock," *Journal of Financial Economics*, 66, 271-306.

Diamond, D. and Verrecchia, R. (1987) "Constraints on short-selling and asset price adjustment to private information," *Journal of Financial Economics*, 18, 277-311.

Diether, K., Lee, K. and Werner, I. (2009) "Short-sale strategies and return predictability," *Review of Financial Studies*, 22, 575-607.

Duffie, D. (2010) "Presidential Adress: Asset price dynamics with slow-moving capital," *Journal of Finance*, 65, 1237-1267.

Gerard, B. and Nanda, V. (1993) "Trading and manipulation around seasoned equity offerings," *Journal of Finance*, 48, 213-245.

Goldstein, I. and Guembel, A. (2008) "Manipulation and the allocational role of prices," *Review of Economic Studies*, 75, 133-164.

Greenwood, R. (2005) "Short and long term demand curves for stocks: Theory and evidence on the dynamics of arbitrage," *Journal of Financial Economics*, 75, 607-649.

Henry, T. R. and Koski, J. L. (2010) "Short selling around seasoned equity offerings," *Review of Financial Studies*, 23, 4389-4418.

Hirose, T., Kato, H. and Bremer, M. (2009) "Can margin traders predict future stock returns in Japan?" *Pacific Basin Finance Journal*, 17, 41-57.

Lynch, A. and Mendenhall, R. (1997) "New evidence of stock price effects associated with changes in the S&P 500 index," *Journal of Business*, 70, 351-383.

Madhavan, A. (2003) "The Russell reconstitution effect," *Financial. Analysts. Journal*, 59, 51-64.

Miller, E. (1977) "Risk, uncertainty, and divergence of opinion," *Journal of Finance*, 32, 1151-1168.

Onayev, Z. M. and Zdorovtsov, V. M. (2007) Russell reconstitution effect revisited. Available at SSRN: http://dx.doi.org/10.2139/ssrn.960727.

Rogers, W. (1993) "sg17: Regression standard errors in clustered samples," *Stata Technical Bulletin*, 13, 19-23.

Shkilko, A., Van Ness, B. and Van Ness, R. (2012) "Short selling and intraday price pressures," *Financial Management*, 41, 345-370.

第 2 章

日本における株式譲渡税の税率変化と 1 月効果

法政大学経済学部　髙橋　秀朋

はじめに

　株式市場におけるアノマリーの中でも、1 月において小規模株式が高い株式収益率をもたらすという現象を「1 月効果」という。1 月効果はファイナンスの分野においても注目され、研究者たちがその原因を追究している現象のひとつである。現在までいくつかの説明が提示されてきたが、その中でも 1 月効果の特に強い原因と考えられているのが「ファンドによる年度末のウィンドウ・ドレッシング」仮説と「個人投資家による年度末の未実現損失確定のための売却（タックス・ロス・セリング）」仮説である。前者のウィンドウ・ドレッシング仮説によると、機関投資家が年末に自身の保有するポートフォリオの見栄えをよくするため、直近のパフォーマンスが悪く、損失の出ている株式を売却し、直近のパフォーマンスが良い株式を買い、これが結果として年度末の株価下落、年明けの株価のリバーサル（上昇）を引き起こすというものである（Haugen and Lakonishok, 1987; Lakonishok et al., 1991）。一方の、タックス・ロス・セリング仮説によると、年度中に実現した個人投資家の利益は課税対象となるため、現在損失が生じている株式を売却し、節税効果を得ようとする結果、年度末の株価下落、年明けの株価のリバーサルが起こるというものである[1]。先行研究においては、両説明とも整合的な実証結

果を示されてきたが、多くの国では個人投資家と機関投資家（ファンド）の決算期が重なっており、両仮説の影響を区別して効果を検証することが難しく、1月効果にどちらの影響が強く出ているのかに関してはまだ議論が続いているのが現状である（Givoly and Ovadia, 1983; Reinganum, 1983; Keim, 1983; Roll, 1983; Lakonishok and Smidt, 1986）。

　1月効果の原因を追究するアプローチとして、ファイナンスの実証の先行研究においては、いくつかのアプローチが採用されている。Sias and Starks (1997) のように、株式の所有構造の違いに注目し、個人投資家の保有割合が高い株式でより強い1月効果が観測されるのかを検証する方法である。機関投資家によるウィンドウ・ドレッシングは個人投資家の保有割合が高いような株式では起きないとの予測のもと、彼らは個人投資家の保有割合が高い株式で1月効果がより強くなることを発見し、1月効果が個人投資家のタックス・ロス・セリングによるものであることを示唆している。また、Starks, Yong, and Zheng (2006) は、個人投資家が主に取引する地方自治体が発行する債券で構成されるクローズ型の投資信託の取引数量、価格を分析し、1月効果が個人投資家によって引き起こされているという実証的な証拠を提示している。Poterba and Weisbenner (2001) や Grinblatt and Moskowitz (2004) は、個人投資家の株式譲渡税率が変化する時期に注目し、税率が低い時期よりも税率が高い時期のほうが年末に未実現損失が大きい株式が翌月に高い収益率を示すというタックス・ロス・セリングと整合的な結果を提示している。また、Grinblatt and Keloharju (2004) はフィンランドの個人投資家の取引データを分析し、個人投資家は12月において損失を抱えた株式を売却する傾向があり、それが同時点における株価の下落と翌月（1月）における収益率のリバーサルを引き起こしていることを発見している。

　上記のように、多くの先行研究がアメリカを中心とした株式市場のデータ

---

1) Dyl (1977) は、12月における取引数量が過去のパフォーマンスが低い株式で大きくなることを発見した。Hvidkjaer (2006) も12月には過去のパフォーマンスが低い株式で、個人投資家による小規模の取引サイズのオーダー・インバランスが売り傾向になることを発見している。また、Badrinath and Lewellen (1991); Dyl and Maberly (1992); Grinblatt and Keloharju (2001); Odean (1998); Ritter (1988); Ivković, Poterba, and Weisbenner (2005) は個人投資家の取引データからタックス・ロス・セリングと整合的な取引行動があることを発見している。

を利用して分析を行ってきているが、アメリカ以外の国のデータを利用して、個人投資家のタックス・ロス・セリングが1月効果を引き起こしているのかを検証している研究はあまりない。しかしながら、アメリカと他国では証券税制が異なる面も多く、それらを分析し、個人投資家のタックス・ロス・セリングと1月効果の関係を検証していくことはとても有用である。特に、日本は1989年に株式譲渡税を0％から26％に上げ、2003年に26％から10％に下げるという大きな変革を経験しており、これらの証券税制の変化はとても有益な社会実験として捉えることができる[2]。日本の株式市場のデータを用いる利点は、上記の証券税制の変化を経験したということの他にも存在する。まず、日本における株式譲渡益に対する税が他の所得とは分離されている（分離課税を採用している）という点である。総合課税の国では、他の所得が税率に影響することもあり、証券税制の変化によるタックス・ロス・セリングのインセンティブの増加を純粋に捉えることは難しいと考えられる。また、日本の機関投資家の多くは決算期末を12月ではなく、3月（もしくは、ファンドの開設月）に設定しており、1月効果に機関投資家のウィンドウ・ドレッシングが与える影響が少ないと考えられる。上記のような理由から、本研究では、1989年および2003年における証券税制の変化に注目し、日本の株式市場のデータを用いて、株式譲渡税率が低減した前後で1月効果にどのような変化があったのかを検証していくこととする。

　日本の株式市場におけるタックス・ロス・セリングと1月効果の関係性の有無を検証するために、本研究ではサンプル期間を1980年1月から1990年3月までの「低税率期間」、1990年4月から2003年3月までの「高税率期間」、2003年4月から2014年3月までの「中税率期間」に区分し、これら異なる3つの期間で1月効果に違いがあるかを検証していくこととする。もしタックス・ロス・セリングが1月の株式収益率に影響を与えるとすれば、「高税率期間」において最も高い1月効果が観測されることが期待される。本検証にあたって、Jegadeesh and Titman（1993）やFama（1998）の方法と同様に、株式のクロスセクションの収益率の予測にローリング・ポートフォリオ・アプローチを採用することとする。具体的には、Grinblatt and Han（2005）に

---

[2] 日本の株式譲渡税の変遷に関してはHayashida and Ono（2010）に詳細に記述されている。

よって定義された未実現損益の指標によって、上場している株式すべてを10のグループに分類し、それを20日間保有することとする。より大きな未実現損失を抱える株式は年末に売却され、翌月に収益率がリバートすることが期待されるので、未実現損失が大きい株式をロングし、未実現利益が大きい株式をショートするポートフォリオを構築し、このポートフォリオのパフォーマンスを検証することでタックス・ロス・セリングと1月効果の関係性を検証していく。もしタックス・ロス・セリングが翌月の収益率のリバーサルを引き起こすのであれば、上記のロング・ショート・ポートフォリオの収益率は1月に正で有意になり、その収益性は「高税率期間」において最も高くなる。本研究はこの予測と整合的な結果を提示している。具体的には、株式の保有期間を20日間とすると、未実現損益を基準としたロング・ショート・ポートフォリオにより1月に日次で41.7ベーシス・ポイントの収益率を稼ぎ出すことができる。しばしばファイナンスの実務において使用される52週間の最高値をレファレンス・ポイントとして未実現損失を定義したケースにおいても同様の結果が得られた。また、取引数量の分析において、タックス・ロス・セリングによる取引は「高税率期間」において強くなっており、株式譲渡税に敏感な投資家が1月効果を引き起こしているという仮説を支持するものである。

　本章の構成は以下のとおりである。第1節において、データの説明、実証方法、分析に利用する変数の統計量の説明を行う。第2節では、タックス・ロス・セリングと1月効果の関連性を示した実証結果を提示する。第3節において結論をまとめる。

1. データと実証方法

1.1 データ

　本研究において利用する主なデータは日経 NEEDS および日経ポートフォリオマスターから提供される日次の株価データおよび財務データである。本データには、株式の銘柄コード、産業コード、株価、発行済株式総数、取引数量、分割・配当などの影響を調整したあとの株式収益率が収録されている。サンプル期間は、1980年1月から2014年3月までとし、取引数量が未実

現利益の計算および取引数量の分析において利用される。また、「低税率期間」、「高税率期間」、「中税率期間」を区分するための株式譲渡益に対する税率は国税庁の統計から入手している。1990年に株式譲渡益に対する税金が導入され、それ以降、個人投資家は26％の税率（地方税含む）に直面することとなった。2003年1月に株式譲渡益に対する税率が緩和され10％となった。タックス・ロス・セリングが株価に与える影響を検証するために、本研究では株式譲渡税率の大きさに従ってサンプル期間を3つに区分し、1980年1月から1990年3月までを「低税率期間」、1990年4月から2003年3月までを「高税率期間」、2003年4月から2014年3月までを「中税率期間」と定義する。先行研究と同様に、銀行・証券会社などの金融系の企業はサンプルから除去する。

1.2 未実現利益の定義

本項においては、未実現利益の定義を紹介する。Grinblatt and Han（2005）に従い、未実現利益は下記の式で定義される。

$$g_{it} = \frac{P_{it} - RP_{it}}{P_{it}}$$

$$\text{with} \quad RP_{it} = \phi^{-1} \sum_{n=0}^{250} \hat{V}_{i,t-n} * P_{t-n}$$

$$\text{where} \quad \hat{V}_{i,t-n} = TO_{i,t-n} \prod_{\tau=1}^{n-1} (1 - TO_{t-n+\tau})$$

$$\text{and} \quad \phi = \sum_{n=0}^{250} \hat{V}_{i,t-n}$$

上記の等式において、$P_{i,t}$ は企業 i の日 t における分割・配当調整後の株価、$TO_{i,t}$ は企業 i の時点 t における売買回転率（取引数量を発行済株式数で除したもの）、$RP_{i,t}$ は企業 i の時点 t における過去の売買回転率でウェイト付けられたレファレンス価格である。当該指標が平均購入価格と定義されるが、わかりにくいために例を挙げる。まず、ある投資家が企業 i の株式を保有しており、時点 $t-n$ において追加的に $TO_{i,t-n}*share\ outstanding$ だけ価格 $P_{I,t-n}$ で購入したとする。そして、この投資家は翌時点の $t-n+1$ において、保有する株式のうち $TO_{i,t-n+1}*share\ outstanding$ を売却したとする。こ

表2-1 未実現利益の代理変数の記述統計量

表2-1は、未実現利益の代理変数に関する記述統計量を報告している。未実現利益は、現在の価格とレファレンス・ポイントの乖離差を現在の価格で標準化したものとして定義される。ここで報告する統計量のレファレンス・ポイントは、Grinblatt and Han (2005) で定義されたものを利用している。表には、クロスセクション間の平均、標準偏差、中央値、10分位点、90分位点の時系列平均を、1月、12月、その他の月ごとに報告している。また、全サンプル期間だけでなく、株式譲渡税率が異なる3つのサブサンプルに関しても同様の報告をしている。

期間		平均	標準偏差	中央値	10分位点	90分位点
全体	Feb – Nov	−9.191%	36.116%	−4.891%	−29.533%	11.290%
	Dec	−13.453%	42.546%	−8.809%	−37.805%	8.886%
	Jan	−12.034%	38.793%	−7.874%	−35.388%	9.741%
80/04 – 90/03	Feb – Nov	−1.903%	16.184%	−0.669%	−17.116%	12.585%
	Dec	−2.510%	13.925%	−1.264%	−17.605%	11.573%
	Jan	−1.918%	13.866%	−0.755%	−16.857%	12.136%
90/04 – 03/03	Feb – Nov	−16.145%	54.649%	−10.737%	−41.242%	8.316%
	Dec	−25.815%	77.366%	−18.382%	−56.866%	3.874%
	Jan	−26.085%	71.312%	−18.940%	−57.464%	3.848%
03/04 – 14/03	Feb – Nov	−6.393%	32.248%	−2.393%	−28.707%	13.456%
	Dec	−9.796%	30.059%	−5.055%	−35.479%	12.111%
	Jan	−6.783%	28.353%	−2.783%	−30.116%	14.027%

のとき、$t-n$ 時点で購入された株式のうち $1-TO_{i,t-n+1}$ が $t-n+1$ 時点において売却されたと考える。このような手続きを繰り返していくため、変数 $RP_{i,t}$ は平均購入価格とみなすことができるのである。そして、この $RP_{i,t}$ と現在の価格を比較し、未実現利益の変数 $g_{i,t}$ を計算することとする。

表2-1は、未実現利益 $g_{i,t}$ の記述統計量を報告したものである。そこには、クロスセクションにおける平均、標準偏差、中央値、10分位点、90分位点の全期間および「低税率期間」、「高税率期間」、「中税率期間」の3つに区分した場合の時系列平均が記述されている。表2-1をみると、未実現利益の平均はどの期間でも負となっており、「高税率期間」で最も低くなっていることがわかる。これは投資家が利益の出ている株式は早く売ってしまうため、高価格時に高いウェイトが付けられてしまうことを意味している。また、未実現利益が「高税率期間」で最も低くなる背景には日本の株式市場が不景気という局面にいたということを表している。表2-1からは他にも未実現利益の季節性の存在を知ることができる。どの期間においても、未実現利益は12月と1月に小さくなっている。この傾向は、株価が年末に向かって下落してい

くことを示唆している。本研究では、未実現利益の変数 $g_{i,t}$ を使ってポートフォリオを10分位に分ける。そのため、10%および90%分位点がどのような値をとっているかをチェックする必要がある。表2-1を見てみると、10分位点はどの期間でも負の値をとり、90分位点はどの期間でも正の値をとっている。そのため、変数 $g_{i,t}$ は年末にタックス・ロス・セリングされそうな株式を捉えるのに適切であるといえる。

1.3 実証方法

　本項では、タックス・ロス・セリングが1月効果に与える影響が、「低税率期間」、「高税率期間」、「中税率期間」の3つの期間においてどのように違うのかを分析する実証方法を紹介する。タックス・ロス・セリングの影響を検証するために、まず、ポートフォリオ構築前日の未実現利益によって10のポートフォリオを構築し、日次ベースでポートフォリオの収益率を計算していく。未実現利益により順位付けするのは、大きい未実現損失（利益）が出ている株式は年末にタックス・ロス・セリングの影響を受ける可能性が高い（低い）からである。また、未実現利益が下位10%の株式で構成されるポートフォリオをロングし、未実現利益が上位10%の株式で構成されるポートフォリオをショートするようなポートフォリオを構築した検証も行う。分析の対象となるポートフォリオは等加重平均で保有し、Jegadeesh and Titman (1993) と同様に、ローリング・ポートフォリオ・アプローチを採用することとする。つまり、現在ポートフォリオに加えられた株式は k 日前にポートフォリオに加えられた株式と同様にポートフォリオに加えられることとなる[3]。そして、下記のような回帰モデルからポートフォリオのアルファを推定する。

$$r_{p,t} - r_{f,t} = \alpha_1 Jan_1 + \alpha_2 Jan_2 + \alpha_3 Jan_3 + \alpha_4 FebDec_1 + \alpha_5 FebDec_2 \\ + \alpha_6 FebDec_3 + \beta_1 Mkt_t + \beta_2 SMB_t + \beta_3 HML_t + \varepsilon_t \quad (1)$$

ここで、$r_{p,t}$ は検証するポートフォリオの日次収益率であり、具体的には、下記の式のように定義される。

3）ポートフォリオを等加重平均とする理由は、日本の株式市場では一部の企業が市場の時価総額の多くを占めており、企業の時価総額による加重平均を用いると、企業の個別変動の影響が大企業の影響によって消し去られてしまうからである。

$$r_{p,t} = \frac{1}{K}\sum_{k=1}^{K}\frac{1}{N_{p,t-k}}\sum_{n=1}^{N_{p,t-k}} r_{i,t}, p \in (CL, CG)$$

ここで、K は保有期間、$N_{p,t-k}$ は未実現利益で順位付けした10分位のポートフォリオのうち特定のひとつに含まれる株式の数である。$r_{f,t}$ は無リスク資産の利子率であり、翌日物のコール・レートを利用している。$FebDec_1$ は時点 t が1980年1月から1990年3月までの期間に属し、1月以外の月である場合は1を、その他の場合は0をとるダミー変数、$FebDec_2$ は時点 t が1990年4月から2003年3月までの期間に属し、1月以外の月である場合は1を、その他の場合は0をとるダミー変数、$FebDec_3$ は時点 t が2003年4月から2014年3月までの期間に属し、1月以外の月である場合は1を、その他の場合は0をとるダミー変数である。また、Jan_1 は時点 t が1980年1月から1990年3月までの期間に属し、1月である場合は1を、その他の場合は0をとるダミー変数、Jan_2 は時点 t が1990年4月から2003年3月までの期間に属し、1月である場合は1を、その他の場合は0をとるダミー変数、Jan_3 は時点 t が2003年4月から2014年3月までの期間に属し、1月である場合は1を、その他の場合は0をとるダミー変数である。Mkt_t、SMB_t、HML_t は Fama and French（1993）の3ファクターであり、日経ポートフォリオマスターから入手している。(1)式の係数を推定し、タックス・ロス・セリングが1月効果に強い影響を及ぼしているのであれば、Jan_2 の係数（高税率期間のアルファ）が最も高くなることが期待される。

本研究ではさらに、Dyl（1977）や Bhabra, Dhillon, and Ramirez（1999）と同様の方法を用いて、取引数量をベースにした分析を行っていく。まず、時点 t における企業 i の相対的な取引数量 $RVOL_{i,t}$ を現在の売買回転率を過去250日の売買回転率の平均で除したものとして定義する。そして、その相対的な取引数量を全企業の $RVOL_{i,t}$ の等加重平均である $RVOL_{m,t}$ 上に回帰して、その係数および切片を得る。そして、計算した係数および切片を利用して、超過相対的取引数量 $EVOL_{i,t}$ を計算する。具体的には、まず、下記の式の切片および係数を推定し、

$$RVOL_{i,t} = \alpha_i + \beta_i RVOL_{m,t} + \varepsilon_{i,t}$$

推定したパラメーター$\hat{\alpha}$および$\hat{\beta}$を利用して、下記の式のように$EVOL_{i,t}$を計算する。

$$EVOL_{i,t} = RVOL_{i,t} - \hat{\alpha}_i - \hat{\beta}_i RVOL_{m,t}$$

収益率の分析と同様に、企業は未実現利益の大きさによって10のグループに分位分けされる。税率変更の影響を検証するために、本研究では12月における3つの異なる期間の$EVOL_{i,t}$を比較することとする。

2．実証結果

本章の主題は、1月効果が個人投資家のタックス・ロス・セリングによって引き起こされているのかどうかということである。タックス・ロス・セリング仮説によると、年末に未実現損失を抱えている株式は年末に向けて売却され、その後の買戻しにより株価が上昇する。この予測を検証するために、本章では株式譲渡税の税率が異なる3つの時期において、1月効果の度合いが異なってくるかを分析する。本節においては、未実現利益によって10分位に分けられたポートフォリオの収益率およびアルファを報告し、取引数量の分析では12月に過剰な取引数量の上昇があったかを検証する。

2.1 主要結果

表2-2は、保有期間を20日間と設定した場合の、検証対象となるポートフォリオの収益率およびアルファを記載している。括弧内に記載されるt値は15のラグをとったNewey-Westの調整後標準誤差を利用して計算されたものである。検証の対象となるポートフォリオは前日の未実現利益によって10のポートフォリオに分位分けされる。ここでの興味は、3つの株式譲渡税率が異なる期間において、1月効果がどのように違ってくるかであるので、最初に12月中に未実現損失を実現しようというインセンティブが存在する最もランクの低いポートフォリオの1月における収益率を報告することから始める。表2-2に示されているように、未実現利益が低い株式のポートフォリオはどの期間においても正の収益率をあげており、「高税率期間」において1月の収益率が高くなっていることがわかる。

表2-2 未実現利益を基準としてソートしたポートフォリオの収益率

表2-2は、未実現利益の代理変数を基準に全株式を10分位に分け、各分位に含まれる株式の収益率を等加重平均したポートフォリオ（上位10％下位10％のみ）の収益率、下位10％に含まれる株式のポートフォリオをロングし、上位10％に含まれる株式のポートフォリオをショートした時の収益率に関して、リスク調整前のもの、CAPM、Fama-French（FF）の3ファクター・モデルでリスク調整した収益率およびファクターの係数を報告している。ポートフォリオは日次ベースで構成し毎日更新され、フォーメーション後は20日間保有する（Jegadeesh and Titman, 1993と同様の方法）。Jan_1は1980年1月から1990年3月までの期間の12月は1をとり、それ以外の期間は0をとるダミー変数、Jan_2は1990年4月から2003年3月までの期間の12月は1をとり、それ以外の期間は0をとるダミー変数、Jan_3は2003年4月から2014年3月までの期間の12月は1をとり、それ以外の期間は0をとるダミー変数である。FebDec_1は1980年1月から1990年3月までの期間の12月以外は1をとり、それ以外の期間は0をとるダミー変数、FebDec_2は1990年4月から2003年3月までの期間の12月以外は1をとり、それ以外の期間は0をとるダミー変数、FebDec_3は2003年4月から2014年3月までの期間の12月以外は1をとり、それ以外の期間は0をとるダミー変数である。各係数の下の括弧には、15のラグをとったNewey-Westの標準誤差を利用した t 値が報告されている。表の一番下には、ロング・ショート・ポートフォリオのJan_1とJan_2、Jan_2とJan_3の係数の違いを検定したワルド検定の結果（P 値）が報告されている。

	リスク調整前収益率			CAPM			FF		
	下位10%	上位10%	スプレッド	下位10%	上位10%	スプレッド	下位10%	上位10%	スプレッド
FebDec1	0.067	0.042	0.025	0.043	0.021	0.022	0.013	0.013	0.001
	(3.37)	(2.45)	(1.18)	(2.53)	(1.64)	(1.02)	(1.02)	(1.09)	(0.02)
FebDec2	0.005	−0.027	0.032	0.024	−0.011	0.035	0.060	0.014	0.046
	(0.13)	(−1.22)	(1.06)	(0.88)	(−0.74)	(1.17)	(3.35)	(1.07)	(1.67)
FebDec3	0.080	0.055	0.026	0.055	0.033	0.022	0.043	0.030	0.013
	(1.87)	(1.96)	(0.89)	(1.75)	(1.88)	(0.80)	(1.88)	(2.69)	(0.48)
Jan1	0.274	0.198	0.076	0.210	0.142	0.068	0.039	0.039	0.000
	(5.20)	(4.41)	(1.30)	(5.22)	(3.83)	(1.16)	(1.18)	(1.07)	(0.00)
Jan2	0.464	−0.031	0.495	0.464	−0.031	0.495	0.373	−0.067	0.440
	(2.13)	(−0.52)	(2.52)	(2.52)	(−0.95)	(2.57)	(3.32)	(−1.39)	(2.87)
Jan3	0.287	0.112	0.175	0.296	0.119	0.177	0.129	0.028	0.102
	(2.15)	(1.18)	(2.32)	(3.23)	(2.33)	(2.39)	(2.04)	(0.84)	(1.46)
Mkt				0.724	0.630	0.095	1.056	0.805	0.252
				(28.23)	(24.69)	(3.56)	(47.99)	(28.98)	(6.51)
SMB							1.084	0.627	0.458
							(22.33)	(15.26)	(6.53)
HML							0.259	−0.031	0.291
							(4.95)	(−0.92)	(3.74)
P 値（ワルド検定）									
Jan1 = Jan2			0.041			0.034			0.009
Jan2 = Jan3			0.129			0.123			0.051

つづいて、未実現利益が最もランクの低いポートフォリオをロングし、最もランクの高いポートフォリオをショートした投資戦略（以下、未実現利益によるロング・ショート・ポートフォリオ）の１月における収益性を検証していく。表2-2の第３列目をみると、この投資戦略は「高税率期間」および「中税率期間」において正で有意な１月の収益率を示している。また、「中税率期間」の収益性は「高税率期間」に比べて低いが、その差はどの有意水準においても統計的に有意といえない。つづく６列はリスク調整考慮後の未実現利益によるロング・ショート・ポートフォリオのアルファが報告されている。表2-2の最後の３列をみてもわかるように、リスク調整をしたあとでもまだ統計的に有意な収益性を１月にみせるのは「高税率期間」においてのみである。その時の未実現利益によるロング・ショート・ポートフォリオのアルファは44ベーシス・ポイントであり、このアルファは他２つの税率区間に比べても有意に高くなっている。表2-2の一番下の２行に報告されているワルド検定の結果も、10％の有意水準で「中税率期間」の１月における未実現利益によるロング・ショート・ポートフォリオのアルファは「高税率期間」のそれよりも高いことを示している。

　全体として、表2-2の結果は、株式譲渡税の税率が高い期間のほうが、未実現損失を実現しようというインセンティブが高い株式の収益率が１月において高くなるというタックス・ロス・セリング仮説と整合的な結果を得ることができた。

2.2　頑健性テスト１：代替的なレファレンス・ポイント

　前項までは、過去の売買回転率をウェイトとした過去の価格の平均値を個人投資家のレファレンス・ポイントとして定義し、未実現利益の程度を計測してきた。しかしながら、現実の世界において、個人投資家は別のレファレンス・ポイントを用いて自身の未実現利益の程度を把握している可能性もある。そこで、本項では、個人投資家が過去52週間で最も高い価格をレファレンス・ポイントとして採用していると考え、表2-2と同様の分析を行っていく。過去52週間で最も高い価格をレファレンス・ポイントとして用いる理由は、Baker and Wurgler（2013）においても指摘されているように、実務家やメディアなど多くの投資参加者が当該指標を投資の判断基準として利用し

表2-3　52WHレシオを基準としてソートしたポートフォリオの収益率

表2-3は、未実現利益の代理変数として52WHレシオ（過去52週間における高値と現在の株価の比率）を用いて全株式を10分位に分けて等加重平均で保有した場合の、各10分位に含まれる株式の収益率を等加重平均したポートフォリオ（上位10%下位10%のみ）の収益率、下位10%に含まれる株式のポートフォリオをロングし、上位10%に含まれる株式のポートフォリオをショートした時の収益率に関して、リスク調整前のもの、CAPM、Fama-Frenchの3ファクター・モデルでリスク調整した収益率およびファクターの係数を報告している。ポートフォリオの構築の方法および利用したダミー変数は表2-2と同様である。各係数の下の括弧には、15のラグをとったNewey-Westの標準誤差を利用したt値が報告されている。表の一番下には、ロング・ショート・ポートフォリオのJan_1とJan_2、Jan_2とJan_3の係数の違いを検定したワルド検定の結果（P値）が報告されている。

	リスク調整前収益率			CAPM			FF		
	下位10%	上位10%	スプレッド	下位10%	上位10%	スプレッド	下位10%	上位10%	スプレッド
FebDec1	0.065	0.052	0.013	0.039	0.035	0.004	0.009	0.024	−0.015
	(3.28)	(3.82)	(0.72)	(2.28)	(3.37)	(0.19)	(0.68)	(2.70)	(−0.81)
FebDec2	−0.005	−0.024	0.018	0.015	−0.011	0.026	0.055	0.004	0.051
	(−0.13)	(−1.35)	(0.58)	(0.54)	(−0.95)	(0.92)	(3.27)	(0.37)	(2.20)
FebDec3	0.063	0.044	0.020	0.036	0.027	0.009	0.024	0.022	0.002
	(1.33)	(2.15)	(0.54)	(1.03)	(2.19)	(0.29)	(0.94)	(2.64)	(0.06)
Jan1	0.271	0.171	0.100	0.202	0.128	0.074	0.015	0.059	−0.044
	(5.30)	(4.23)	(2.05)	(5.07)	(3.92)	(1.53)	(0.46)	(1.78)	(−0.97)
Jan2	0.479	−0.048	0.527	0.479	−0.048	0.527	0.384	−0.084	0.468
	(2.16)	(−1.06)	(2.61)	(2.59)	(−2.04)	(2.78)	(3.49)	(−2.34)	(3.32)
Jan3	0.255	0.092	0.163	0.264	0.098	0.167	0.083	0.030	0.053
	(1.79)	(1.28)	(1.72)	(2.69)	(2.59)	(1.96)	(1.25)	(1.11)	(0.74)
Mkt				0.778	0.488	0.290	1.137	0.621	0.516
				(29.25)	(25.67)	(12.35)	(52.35)	(29.88)	(15.64)
SMB							1.185	0.439	0.746
							(25.04)	(15.07)	(12.13)
HML							0.240	0.097	0.143
							(4.64)	(3.73)	(2.08)
P値（ワルド検定）									
Jan1 = Jan2			0.040			0.021			0.001
Jan2 = Jan3			0.102			0.083			0.011

ているためである。表2-3は、ポートフォリオ構成前日の価格と過去52週間で最も高い価格の比率（52WH）を基準として10分位に株式を分けたときの収益率およびファクター・モデル調整後のアルファを報告している。なお、ポートフォリオの保有期間は表2-2と同様に20日間としている。ここでは、52WHが最もランクの低いポートフォリオをロングし、最もランクの高いポートフォリオをショートした投資戦略（以下、52WHによるロング・ショー

ト・ポートフォリオ）の１月における収益性に注目することとする。表2-3の最終列に注目すると、52WH によるロング・ショート・ポートフォリオの１月における収益率は、最初の「低税率期間」で－4.4ベーシス・ポイント、２番目の「高税率期間」で46.8ベーシス・ポイント、最後の「中税率期間」で5.3ベーシス・ポイントとなっており、「高税率期間」において最もアルファが高くなっている。また、１％の有意水準で値が有意になるのも「高税率期間」においてのみである。各期間のアルファの違いを検証したワルド検定もこれを支持する結果を示しており、表2-3の結果からは、レファレンス・ポイントを52WHにしたとしても、タックス・ロス・セリング仮説が支持されるということがわかった。

2.3 頑健性テスト２：短期的なリバーサル

　本項では、保有期間の長さおよびフォーメーションの期間から保有開始までどれくらいの時間をおくのかによって、未実現利益によるロング・ショート・ポートフォリオのアルファがどのような影響を受けるのかを検証していく。Jegadeesh（1990）、Lehman（1990）、Lo and MacKinlay（1990）でも報告されているように、株式の収益率は短期的なリバーサルをみせる傾向がある。前２項の実証結果もこの短期的なリバーサルの影響を受けている可能性があり、本項ではその影響を除いた場合でも同様の結果が得られるかを検証していく。ポートフォリオのフォーメーションと保有開始までの間に０、５または10営業日を挟み、表2-2と同様の分析を行っていく。また、ポートフォリオの保有期間も５または10営業日とする。表2-4には、フォーメーション期間からのスキップ、保有期間を変更した時の、未実現利益によるロング・ショート・ポートフォリオの３ファクター・モデルのアルファが報告されている。表2-4をみると、ポートフォリオのフォーメーションと保有開始までのスキップ期間が短いほど、収益率が全体として高くなる傾向がみられる。しかしながら、この影響が「高税率期間」におけるロング・ショート・ポートフォリオのアルファの有意性を消すまでには至らず、表2-2で得られた結果は短期的なリバーサルによるもではなく、タックス・ロス・セリング仮説による影響が残っていると考えられる。

表2-4 保有期間を変えた場合のロング・ショートポートフォリオの収益率

表2-4は、未実現利益の代理変数を基準に全株式を10分位に分け、下位10％に含まれる株式のポートフォリオをロングし、上位10％に含まれる株式のポートフォリオをショートした時のFama-Frenchの3ファクター・モデルでリスク調整した収益率およびファクターの係数を報告している。ポートフォリオの構築にあたっては日次ベースで構成し毎日更新され、前日、5日前、10日前の未実現利益を利用してフォーメーションを行う。また、フォーメーション後は5日もしくは10日間保有する。利用したダミー変数は表2-2と同様である。各係数の下の括弧には、15のラグをとったNewey-Westの標準誤差を利用したt値が報告されている。表の一番下には、ロング・ショート・ポートフォリオのJan_1とJan_2、Jan_2とJan_3の係数の違いを検定したワルド検定の結果（P値）が報告されている。

フォーメーション期間からの乖離	no	no	5	5	10	10
保有期間（日）	5	10	5	10	5	10
FebDec1	0.070	0.030	−0.009	−0.019	−0.029	−0.029
	(3.07)	(1.37)	(−0.43)	(−0.90)	(−1.36)	(−1.42)
FebDec2	0.175	0.100	0.024	0.012	0.000	−0.009
	(5.93)	(3.53)	(0.89)	(0.45)	(0.00)	(−0.33)
FebDec3	0.081	0.037	−0.006	−0.010	−0.014	−0.012
	(2.83)	(1.37)	(−0.23)	(−0.37)	(−0.51)	(−0.44)
Jan1	0.035	0.014	−0.007	−0.012	−0.016	−0.014
	(0.54)	(0.22)	(−0.12)	(−0.21)	(−0.30)	(−0.27)
Jan2	0.578	0.507	0.436	0.415	0.393	0.373
	(3.48)	(3.13)	(2.73)	(2.66)	(2.57)	(2.55)
Jan3	0.138	0.120	0.101	0.097	0.093	0.083
	(1.96)	(1.69)	(1.39)	(1.36)	(1.32)	(1.20)
Mkt	0.334	0.292	0.250951	0.236379	0.221808	0.2111
	(8.89)	(7.58)	(6.12)	(5.86)	(5.53)	(5.25)
SMB	0.545	0.501	0.458	0.444	0.429	0.414
	(9.03)	(7.69)	(6.36)	(6.01)	(5.63)	(5.37)
HML	0.255	0.270	0.285	0.292	0.299	0.312
	(3.31)	(3.46)	(3.56)	(3.65)	(3.73)	(3.95)
P値（ワルド検定）						
Jan1 = Jan2	0.003	0.005	0.011	0.012	0.014	0.015
Jan2 = Jan3	0.017	0.032	0.063	0.072	0.083	0.082

2.4 取引数量を用いた分析

本項では、未実現損失に直面する株式の12月における取引動向を分析する。タックス・ロス・セリング仮説に基づけば、12月には個人投資家が未実現損失を実現しようと取引をし、その結果として未実現損失の大きい株式の12月における取引数量は多くなることが予想される。表2-5は第1節で定義した超過相対的取引数量 $EVOL_{i,t}$ を最初の「低税率期間」、2番目の「高税

率期間」、最後の「中税率期間」それぞれにおいて計算し、その差の統計的な有意性を検証した結果を示している。表2-5における最初の列をみると、未実現損失が多い株式では、どの時期も $EVOL_{i,t}$ が負の値をとっていることがわかる。一方で、表2-5における2番目の列をみると、未実現利益が多い株式では、どの時期も $EVOL_{i,t}$ が正の値をとっている。これは Dyl (1977) が示した結果と整合的で、個人投資家の損失が出ている株式は長く保有し、利益が出ている株式は早く売却してしまうというディスポジション効果を示している可能性がある。ただ、そのようなディスポジション効果の影響がみられる中でも、3つの異なる譲渡税率が個人投資家の行動に影響を与えているのがわかる。表2-5の最初の列をみると、$EVOL_{i,t}$ は最初の「低税率期間」では－0.962、2番目の「高税率期間」では－0.156、最後の「中税率期間」では－0.487となっており、「高税率期間」において最も高い値をとり、より取引量を増やしている可能性があることがわかる。つまり、12月における取引量はそれ以前のベンチマーク期間よりは少ないが、譲渡税率が高い期間には比較的取引数量が増加するということである。このことはタックス・ロス・セリング仮説と整合的であり、間接的ではあるが、12月において個人投資家によるタックス・ロス・セリングがあった可能性を示唆している。また、レファレンス・ポイントを Grinblatt and Han (2005) が定義した平均購入価格ではなく、52WH を用いた場合でも、同様の結果が得られている。

3．結　論

本論文では、日本における株式譲渡税率の変化に注目して、個人投資家によるタックス・ロス・セリングが1月において（12月に未実現損失を抱えていた）株式の価格が高くなるという1月効果に影響を与えているのかということを検証した。株式譲渡税率を低く（高く）することは、個人投資家が12月において未実現損失を実現するインセンティブを低める（高める）ため、株式譲渡税率が低い期間では1月効果が弱くなるということが予想される。本研究の実証結果はこの予想と整合的な結果を示した。まず、未実現利益が最もランクの低いポートフォリオをロングし、最もランクの高いポートフォ

表2-5　未実現利益と12月における売買行動

表2-5は、12月において未実現利益（GHの未実現利益、もしくは、52WHレシオ）が下位10％の株式、上位10％の株式の超過取引数量を報告している。表には、1980年1月から1990年3月までの超過取引数量の平均（Regime1）、1990年4月から2003年3月までの超過取引数量の平均（Regime2）、2003年4月から2014年3月までの超過取引数量の平均（Regime3）を報告している。超過取引数量の計算にあたっては、前月までの12か月間の売買回転率を市場平均上に回帰し係数を求め、その係数から時点 t（現時点）におけるベンチマークを求め、それに対する超過分を超過取引数量と定義している。下位の6行は、各期間の超過取引数量の差および差の検定に利用した統計量（t 値）を報告している。

	GHの未実現利益		52WHレシオ	
	下位10％	上位10％	下位10％	上位10％
Regime1	−0.962	2.051	−0.958	2.685
Regime2	−0.156	0.712	−0.196	0.675
Regime3	−0.487	0.805	−0.510	1.022
Regime1 − Regime2	−0.806	1.340	−0.762	2.010
	(−12.39)	(10.86)	(−12.43)	(15.14)
Regime1 − Regime3	−0.475	1.247	−0.448	1.663
	(−5.58)	(12.61)	(−5.29)	(14.45)
Regime2 − Regime3	0.331	−0.093	0.314	−0.348
	(3.93)	(−0.93)	(3.72)	(−3.44)

オをショートした投資ポートフォリオでは、「高税率期間」において最も高い収益率を示し、この傾向は未実現利益を別の変数で定義した場合でもみられた。また、短期的なリバーサルの影響を考慮し、保有期間の長さおよびフォーメーションの期間から保有開始までの時間を調整した場合でも、同様の実証結果を得た。最後に、取引数量を用いた分析においても、12月における取引数量は「高税率期間」において最も多くなることがわかった。これらの実証的な証拠はタックス・ロス・セリングが1月効果の主要なドライバーとして機能していることを示唆している。

参考文献

Badrinath, S. G. and Lewellen, W. G.（1991）"Evidence on tax-motivated securities trading behavior," *Journal of Finance*, 46, 369-382.

Baker, M. and Wurgler, J.（2013）*Behavioral corporate finance: An updated survey*. *Handbook of the Economics of Finance*, edited by George Constantanides, Milton Harris, and Rene Stulz, Chapter 5, 2: 357-424. New York, NY: Elsevier.

Bhabra, H. S., Dhillon U. S. and Ramirez, G. G. (1999) "A November effect? Revisiting the tax-loss-selling hypothesis," *Financial Management*, 28, 5-15.

Dyl, E. (1977) "Capital gains taxation and year-end stock market behavior," *Journal of Finance*, 32, 165-175.

Dyl, E. and Maberly, E. (1992) "Odd-lot transactions around the turn of the year and the January effect," *Journal of Financial and Quantitative Analysis*, 27, 591-604.

Fama, E. (1998) "Market efficiency, long-term returns, and behavioral finance," *Journal of Financial Economics*, 49, 283-306.

Fama, E. and French, K. R. (1993) "Common risk factors in the returns on stocks and bonds," *Journal of Financial Economics*, 33, 3-56.

Givoly, D. and Ovadia, A. (1983) "Year-end Tax-induced sales and stock market seasonality," *Journal of Finance*, 38, 171-185.

Grinblatt, M. and Han, B. (2005) "Prospect theory, mental accounting, and momentum," *Journal of Financial Economics*, 78, 311-339.

Grinblatt, M. and Keloharju, M. (2001) "What makes investors trade?" *Journal of Finance*, 56, 589-616.

Grinblatt, M. and Keloharju, M. (2004) Tax-loss trading and wash sales, *Journal of Financial Economics*, 71, 51-76.

Grinblatt, M. and Moskowitz, T. J. (2004) "Predicting stock price movements from past returns: the role of consistency and tax-loss selling," *Journal of Financial Economics*, 71, 541-579.

Haugen, R. and Lakonishok, J. (1987) *The Incredible January effect* (Dow-Jones Irwin, Homewood, IL).

Hayashida, M. and Ono, H. (2010) "Capital gains tax and individual trading: the case of Japan," *Japan and the World Economy*, 22, 243-253.

Hvidkjaer, S. (2006) "A trade-based analysis of momentum," *Review of Financial Studies*, 19, 457-491.

Ivković, Z., Poterba, J. and Weisbenner, S. (2005) "Tax-motivated trading by individual investors," *American Economic Review*, 95, 1605-1630.

Jegadeesh, N. (1990) "Evidence of predictable behavior of security returns," *Journal of Finance*, 45, 881-898.

Jegadeesh, N. and Titman, S. (1993) "Returns to buying winners and selling losers: Implications for stock market efficiency," *Journal of Finance*, 48, 65-91.

Keim, D. (1983) "Size-related anomalies and stock return seasonality: Further empirical evidence," *Journal of Financial Economics*, 12, 13-32.

Lakonishok, J., Shleifer, A., Thaler, R. and Vishny, R. (1991) "Window dressing by pension fund managers, American Economic Review, Papers and Proceedings," 81, 227-231.

Lakonishok, J. and Smidt, S. (1986) "Volume for winners and losers: Taxation and other motives for stock trading," *Journal of Finance*, 41, 951-974.

Lehman, B. (1990) "Fads, martingales, and market efficiency," *Quarterly Journal of Economics*, 105, 1-28.

Lo, A. W. and MacKinlay, A. C. (1990) "When are contrarian profits due to stock market overreaction?" *Review of Financial Studies*, 3, 175-205.

Odean, T. (1998) "Are investors reluctant to realize their losses?" *Journal of Finance*, 53, 1775-1798.

Poterba, J. M. and Weisbenner, S. J. (2001) "Capital gains tax rules, tax-loss trading, and turn-of-the-year returns," *Journal of Finance*, 56, 353-368.

Reinganum, M. (1983) "The anomalous stock market behavior of small firms in January," *Journal of Financial Economics*, 12, 89-104.

Ritter, J. (1988) "The buying and selling behavior of individual investors at the turn of the year," *Journal of Finance*, 43, 701-717.

Roll, R. (1983) "Vas ist das? The turn-of-the-year effect and the return premia of small firms," *Journal of Portfolio Management*, 9, 18-28.

Sias, R. W. and Starks, L. T. (1997) "Institutions and individuals at the turn-of-the-year," *Journal of Finance*, 52, 1543-1562.

Starks, L. T., Yong, L. and Zheng, L. (2006) "Tax-loss selling and the January effect: Evidence from municipal bond closed-end funds," *Journal of Finance*, 61, 3049-3067.

第3章

バリュー効果はミスプライシングによるものか
日本株式市場における実証分析

法政大学大学院経済学研究科博士後期課程 　塩見　直也

はじめに

　簿価時価比率（book-to-market ratio: BM）の高い株式が同比率の低い株式より大幅に高いリターンを獲得する傾向は、株式市場でよく知られたアノマリーのひとつであり、これはバリュー効果（value effect）と呼ばれる。先行研究では、この現象に対して2つの競合する説明が存在する。ひとつは、リスクに基づく解釈であり、BMは企業の相対的な倒産リスクと投資活動リスクを反映すると主張する。Fama and French（1993）は、財務的に困窮している企業のリスクは高く、これら企業のBMは高い水準にあるため、後に高いリターンを獲得すると説明する。Zhang（2005）は、設備投資の不可逆性により既存資産のリスクは高いと主張し、既存資産を多く保持する企業のBMは高い水準にあるため、後に高いリターンを獲得すると説明する。そしてもうひとつは、ミスプライシング仮説であり、バリュー効果は投資家の行動バイアスによるものであると主張する。Lakonishok, Shleifer, and Vishny（1994）は、投資家は過去の成長実績に過度に依存する傾向にあり、BMの低い（高い）株式を過大（過少）評価するため、その結果、後に平均回帰が起こると説明する。

　本章では、バリュー効果がシステマティック・リスクによるものか、投資

家の行動バイアスによるものかを検証する。まずはじめに、BM からシステマティック・リスクの影響を取り除いたあともバリュー効果が残るか、あるいは消滅するかをテストする。BM を財務的困窮の代理変数と投資活動の代理変数（資産増加率、投資資産比率、新株発行比率）で回帰して残差（residual book-to-market ratio: RedBM）を推定し、RedBM に基づく 5 分位のポートフォリオを作成する。そして、RedBM の最も高いポートフォリオと最も低いポートフォリオの月次リターンのスプレッド（すなわち、RedBM ヘッジング・ポートフォリオの月次リターン）を検証する。結果、RedBM ヘッジング・ポートフォリオは統計的に有意に正のリターンをあげることを発見した。RedBM ヘッジング・ポートフォリオのリターンは、BM ヘッジング・ポートフォリオのリターンと大きな差異はない。この実証結果は、企業の倒産リスクや投資活動に関わるリスクがバリュー効果の主な源泉ではないことを示しており、バリュー効果がミスプライシングによるものである可能性を示唆している。

次に、バリュー効果が投資家のミスバリュエーションによるものかをテストする。この仮説をテストするために、バリュー効果に対する裁定の限界の影響を検証する。Shleifer and Vishny（1997）が示しているように、裁定にコストがかかり、リスクがあり、また制限がある場合、ミスプライシングはすぐには修正されない可能性がある。このテストでは、Ali, Hwang, and Trombley（2003）に従い、固有ボラティリティ、投資家の洗練度、および取引コストを裁定の限界の代理変数として使用する。まずはじめに、各裁定の限界の代理変数に基づいて 3 つのサブサンプルを作成する。そして、各サブサンプルについて、RedBM の最も高いポートフォリオと最も低いポートフォリオの月次リターンのスプレッドを検証する。結果、固有ボラティリティの高い株式のサブサンプル、洗練された投資家の保有割合が低い株式のサブサンプル、および取引コストの高い株式のサブサンプルで RedBM ヘッジング・ポートフォリオは高いリターンを獲得することを発見した。この実証結果は、バリュー効果に対するミスプライシング仮説を支持するものである。

バリュー効果がシステマティック・リスクに起因するものか、ミスプライシングによるものかに関する論争は現在でも続いている。Xing（2008）は、バリュー効果は投資ファクターでコントロールすると消滅することを発見し

ており、これは Zhang（2005）が提示するように Q 理論と整合的である。しかしながら、Ali, Hwang, and Trombley（2003）は、固有リスクが高く、取引コストが高く、またアナリストのフォローが少ない株式の間でバリュー効果が強まることを発見しており、これは Shleifer and Vishny（1997）と整合的である。システマティック・リスクの影響を取り除いた RedBM を使用して Ali, Hwang, and Trombley（2003）と同様の結果を得た本章における発見は、ミスプライシング仮説を支持する頑健な証拠を提示している。

　本章の次節以降は次のように構成される。第 1 節では、主要なデータについて説明し、テストで使用する RedBM を計算する。第 2 節では、バリュー効果がリスクによるものか、ミスプライシングによるものかを包括的に分析し、その結果を示す。第 3 節では結論を述べる。

1．データ

1.1 主要なデータ

　サンプルは、日本の証券取引所の 1 部市場に上場している企業で構成する。期間は1980年から2010年までとする。Nikkei NEEDS で入手可能な市場データと財務データを用いる。金融機関と純資産がマイナスの企業は除き、異常値の影響を取り除くために上下0.5％水準でウィンソライズ（winsorize）を行う。これらの条件によるサンプル企業数は、1980年は846社、2010年は1523社であり、年平均は1195社である。

1.2 変数の定義

　テストで使用する変数の定義は次のとおりである。簿価時価比率（BM）は、株主資本の簿価と時価（market capitalization: $MCAP$）の比率と定義する。$MCAP$ は、月末の株価に発行済株式数を乗じて求める。本テストでは、投資活動リスクの変数として、資産増加率（asset growth: AG）、投資資産比率（investment to asset: IA）、新株発行比率（net stock issue: NSI）を用いる。資産増加率（AG）は、Cooper, Gulen, and Schill（2008）に従って、総資産の変動を測定する。投資資産比率（IA）は、Lyandres, Sun, and Zhang（2008）に従って、有形固定資産の総額の変動と棚卸資産の変動を測定する[1]。なお、

表3-1 記述統計量と相関係数

(単位:百万円)

パネルA:記述統計量

	BM	AG	IA	NSI	Pnaive	MCAP
Mean	0.699	0.044	0.039	0.015	0.041	211,411
SD	0.378	0.110	0.073	0.043	0.102	639,804
Min	0.045	−0.281	−0.229	−0.027	0.000	4,855
Max	2.555	0.657	0.457	0.355	0.780	14,120,658

パネルB:相関係数

	BM	AG	IA	NSI	Pnaive	MCAP
BM	1.00	−0.12	−0.10	−0.06	0.08	−0.27
AG	−0.12	1.00	0.63	0.18	−0.21	0.17
IA	−0.09	0.67	1.00	0.13	−0.19	0.19
NSI	−0.07	0.16	0.08	1.00	−0.05	0.22
Pnaive	0.12	−0.07	−0.09	0.04	1.00	−0.29
MCAP	−0.14	0.05	0.09	0.00	−0.05	1.00

注:パネルBの左下三角行列はピアソンの相関係数、右上三角行列はスピアマンの順位相関係数を示す。

AG と IA は、前年度末の総資産で除することで基準化する。新株発行比率 (NSI) は、Li and Zhang (2010) に従い、発行済株式数を前年度の発行済株式数で除した数値の自然対数と定義する。財務データの変数は、直近の年度末時点のものを用いる。変数は、財務諸表公表日の翌月に更新する。また本テストでは、倒産リスクの変数として、Bharath and Shumway (2008) に従い、倒産予測の確率(naive probability: $Pnaive$)を計算する。

表3-1のパネルAは、企業の財務属性データの年次の平均($Mean$)、標準偏差(SD)、最小値(Min)、最大値(Max)の時系列平均を示している。BM の平均値は0.699であり、概して企業の時価は簿価を超過している。AG の平均は0.044であり標準偏差は0.110、IA の平均は0.039であり標準偏差は0.073、NSI の平均は0.015であり標準偏差は0.043であることから、投資に関連する変数は変動が大きいことが読み取れる。表3-1のパネルBではピアソン(スピアマン)の相関係数を示している。BM と AG、IA、NSI の各相関

---

1) 有形固定資産の総額(gross)は、有形固定資産の純額(net)に減価償却費と減損損失を足し戻して計算する。本テストで使用した Nikkei Needs のデータベースの減損損失の金額は、有形固定資産と無形資産の減損損失を含むため、有形固定資産の純額の(有形固定資産と無形資産の合計額に対する)割合で案分した金額を、有形固定資産の減損損失としている。

係数は、それぞれ-0.12（-0.12）、-0.09（-0.10）、-0.07（-0.06）であり、BMと投資に関わる企業属性は負の相関があることが確認できる。また、BMと$Pnaive$の相関係数は0.12（0.08）であり、BMと財務的困窮には正の相関があることが確認できる。

1.3 RedBMの推定

$RedBM$を計算するために、各月のBMをAG、IA、NSI、$Pnaive$および$MCAP$の自然対数で回帰して、残差を推定する。

$$BM_i = \alpha + \beta_{AG}AG_i + \beta_{IA}IA_i + \beta_{NSI}NSI_i + \beta_{Pnaive}Pnaive_i + \beta_{MCAP}MCAP_i + \varepsilon_i \quad (1)$$

表3-2は、クロスセクション回帰の時系列平均を示している。t値は、ラグ1年の系列相関に対して頑健なNewey and West (1987) の標準誤差で調整している。(1)から(5)は単回帰の結果である。AG、IA、NSIの係数は、それぞれ-0.568（t値-4.01）、-0.596（t値-3.46）、-1.018（t値-5.40）であり、すべて有意に負である。$Pnaive$の係数は0.641（t値4.40）で有意に正であり、$MCAP$の係数は-0.101（t値-4.32）で有意に負である。(6)はすべてのリスク変数による重回帰の結果である。AGとNSIの係数は、それぞれ-0.225（t値-3.06）、-0.980（t値-5.78）であり有意に負である。IAの係数は-0.004（t値-0.04）で有意ではないが、これはIAの係数がAGに包摂されたためと考えられる。また、$Pnaive$の係数は0.443（t値3.05）、$MCAP$の係数は-0.089（t値-4.28）でともに有意である。これらの結果は、既存資産を多く保持する企業、および財務的に困窮している企業のBMは高くなる傾向を示している。

1.4 バリュー効果と企業属性のアノマリー

$RedBM$によるテストの前に、バリュー効果とその他企業属性のアノマリーを確認する。バリュー効果は、各月、前月のBMに基づいて5分位のポートフォリオを作成し、BMの最も高いポートフォリオを購入して最も低いポートフォリオを売却することでBMヘッジング・ポートフォリオを構築

表3-2　BM を企業属性の変数で回帰した結果

	切片	係数				
		AG	IA	NSI	Pnaive	MCAP
(1)	0.700	−0.568				
	(8.17)	(−4.01)				
(2)	0.705		−0.596			
	(8.04)		(−3.46)			
(3)	0.703			−1.018		
	(8.16)			(−5.40)		
(4)	0.661				0.641	
	(8.47)				(4.40)	
(5)	1.785					−0.101
	(5.35)					(−4.32)
(6)	1.649	−0.225	−0.004	−0.980	0.443	−0.089
	(5.43)	(−3.06)	(−0.04)	(−5.78)	(3.05)	(−4.28)

注：上値は係数、下値は t 値を示す。t 値は Newey and West（1987）の標準誤差で調整している。

して、月次リターンの時系列平均を求める。さらに、各企業属性の変数（AG、IA、NSI、Pnaive、MCAP）に基づきすべての株式を3つのサブサンプルに分割して、サブサンプルごとのバリュー効果も確認する。なお、サブサンプルの基準点は、各企業属性の変数で10分位に分割したサンプルの上位3分位と下位3分位とする。表3-3のパネルAとパネルBは、単純平均と時価総額加重平均で計算した結果を示している。t 値は、ラグ1か月の系列相関に対して頑健な Newey and West（1987）の標準誤差で調整している。1列目は、サンプル全体のバリュー効果を示している。月次の単純平均リターンは1.314％（t 値5.71）、加重平均リターンは1.314％（t 値5.50）であり、日本でのバリュー効果は年率15％超であることが確認できる。2列目以降は、各企業属性で分割したサブサンプルのバリュー効果を示している。投資リスクの変数である AG、IA、NSI で分割したすべてのサブサンプルにおいて、単純平均リターン、加重平均リターンともに有意に正であり、バリュー効果を確認することができる。また、Pnaive で分割したすべてのサブサンプルにおいても、単純平均リターン、加重平均リターンともに正に有意であり、バリュー効果が確認できる。これら結果は、投資に関連する企業属性、および財務的困窮を示す企業属性は、バリュー効果に影響に及ぼさない可能性を示しており、Fama and French（1993）、Zhang（2005）とは整合的ではない。

表3-3 各企業属性で分割したサブサンプルごとのBMヘッジング・ポートフォリオ

パネルA：単純平均リターン

	1 (low BM)	2	3	4	5 (high BM)	5−1	t (5−1)
All samples	−0.180%	0.143%	0.459%	0.635%	1.134%	1.314%	5.71
1 (low AG)	−0.120%	0.291%	0.624%	0.896%	1.235%	1.355%	6.66
2	−0.114%	0.203%	0.460%	0.669%	1.155%	1.268%	5.74
3 (high AG)	−0.181%	−0.112%	0.274%	0.440%	0.808%	0.989%	3.48
1 (low IA)	−0.096%	0.332%	0.597%	0.808%	1.207%	1.303%	6.06
2	−0.142%	0.101%	0.482%	0.719%	1.102%	1.244%	5.50
3 (high IA)	−0.203%	−0.041%	0.318%	0.438%	0.941%	1.145%	4.33
1 (low NSI)	−0.194%	0.416%	0.589%	0.787%	1.157%	1.351%	6.60
3 (high NSI)	−0.166%	−0.076%	0.209%	0.421%	0.927%	1.093%	3.74
1 (low Pnaive)	−0.097%	0.041%	0.246%	0.352%	0.876%	0.973%	3.69
2	−0.295%	0.052%	0.419%	0.543%	1.031%	1.326%	6.83
3 (high Pnaive)	0.067%	0.498%	0.777%	0.982%	1.290%	1.223%	6.03
1 (small MCAP)	0.186%	0.676%	0.808%	1.083%	1.391%	1.205%	6.52
2	−0.326%	0.039%	0.304%	0.452%	0.974%	1.300%	6.46
3 (big MCAP)	−0.190%	−0.064%	0.241%	0.444%	0.818%	1.008%	3.84

パネルB：加重平均リターン

	1 (low BM)	2	3	4	5 (high BM)	5−1	t (5−1)
All samples	−0.191%	0.135%	0.450%	0.629%	1.123%	1.314%	5.50
1 (low AG)	−0.153%	0.269%	0.603%	0.889%	1.224%	1.377%	6.39
2	−0.111%	0.191%	0.459%	0.659%	1.144%	1.255%	5.53
3 (high AG)	−0.185%	−0.113%	0.275%	0.437%	0.800%	0.985%	3.43
1 (low IA)	−0.121%	0.311%	0.580%	0.790%	1.183%	1.304%	5.73
2	−0.147%	0.097%	0.475%	0.712%	1.095%	1.242%	5.37
3 (high IA)	−0.203%	−0.050%	0.317%	0.440%	0.946%	1.149%	4.26
1 (low NSI)	−0.213%	0.383%	0.580%	0.765%	1.147%	1.360%	6.44
3 (high NSI)	−0.166%	−0.059%	0.213%	0.430%	0.923%	1.089%	3.66
1 (low Pnaive)	−0.102%	0.046%	0.254%	0.351%	0.869%	0.971%	3.65
2	−0.307%	0.058%	0.418%	0.541%	1.026%	1.333%	6.71
3 (high Pnaive)	0.029%	0.469%	0.750%	0.974%	1.276%	1.246%	5.99
1 (low Size)	0.159%	0.657%	0.795%	1.069%	1.389%	1.231%	6.69
2	−0.327%	0.038%	0.308%	0.456%	0.973%	1.299%	6.44
3 (high Size)	−0.189%	−0.062%	0.243%	0.447%	0.327%	1.014%	3.84

注：t値はNewey and West (1987) の標準誤差で調整している。

次に、BMが各企業属性のアノマリーに影響を及ぼすかを確認する。まずはじめにBMに基づきすべての株式を3つのサブサンプルに分割する。次に、サブサンプルごとに直近の企業属性に基づくヘッジング・ポートフォリ

表3-4　*BM* で分割したサブサンプルごとの各企業属性のヘッジング・ポートフォリオ

パネル A：単純平均リターン

	1 (low AG)	2	3	4	5 (high AG)	5−1	t (5−1)
All samples	0.624%	0.517%	0.491%	0.396%	0.161%	−0.463%	−2.62
1 (low BM)	0.009%	−0.032%	−0.044%	−0.107%	−0.148%	−0.156%	0.00
2	0.557%	0.441%	0.440%	0.376%	0.205%	−0.352%	−2.29
3 (high BM)	1.157%	1.021%	1.101%	0.921%	0.732%	−0.425%	−2.95

	1 (low IA)	2	3	4	5 (high IA)	5−1	t (5−1)
All samples	0.538%	0.576%	0.451%	0.376%	0.249%	−0.290%	−1.74
1 (low BM)	0.020%	−0.012%	−0.038%	−0.180%	−0.112%	−0.132%	−0.61
2	0.489%	0.477%	0.403%	0.404%	0.248%	−0.241%	−1.72
3 (high BM)	1.037%	1.074%	1.071%	0.897%	0.855%	−0.181%	−1.23

	1 (low NSI)	2	3	4	5 (high NSI)	5−1	t (5−1)
All samples	0.541%	—	—	—	0.249%	−0.292%	−2.47
1 (low BM)	0.040%	—	—	—	−0.120%	−0.160%	−1.04
2	0.592%	—	—	—	0.242%	−0.350%	−3.27
3 (high BM)	1.075%	—	—	—	0.969%	−0.105%	−0.72

	1 (low Pnaive)	2	3	4	5 (high Pnaive)	5−1	t (5−1)
All samples	0.289%	0.255%	0.326%	0.569%	0.763%	0.473%	1.53
1 (low BM)	−0.025%	−0.122%	−0.174%	−0.166%	0.191%	0.216%	0.63
2	0.247%	0.187%	0.350%	0.543%	0.697%	0.451%	1.73
3 (high BM)	0.750%	0.861%	0.957%	1.199%	1.169%	0.420%	1.39

	1 (small Size)	2	3	4	5 (big Size)	5−1	t (5−1)
All samples	0.957%	0.460%	0.279%	0.258%	0.235%	−0.722%	−2.32
1 (low BM)	0.293%	−0.216%	−0.194%	−0.145%	−0.064%	−0.357%	−1.00
2	0.716%	0.255%	0.350%	0.294%	0.405%	−0.311%	−1.19
3 (high BM)	1.420%	1.026%	0.845%	0.692%	0.950%	−0.470%	−1.83

パネル B：加重平均リターン

	1 (low AG)	2	3	4	5 (high AG)	5−1	t (5−1)
All samples	0.585%	0.491%	0.464%	0.376%	0.143%	−0.443%	−2.49
1 (low BM)	−0.032%	−0.029%	−0.056%	−0.112%	−0.149%	−0.117%	−0.48
2	0.540%	0.427%	0.437%	0.364%	0.206%	−0.334%	−2.16
3 (high BM)	1.141%	1.011%	1.084%	0.914%	0.724%	−0.417%	−2.92

	1 (low IA)	2	3	4	5 (high IA)	5−1	t (5−1)
All samples	0.499%	0.546%	0.424%	0.353%	0.228%	−0.271%	−1.63
1 (low BM)	−0.003%	−0.021%	−0.051%	−0.187%	−0.118%	−0.115%	−0.55
2	0.469%	0.464%	0.390%	0.403%	0.246%	−0.223%	−1.59
3 (high BM)	1.013%	1.060%	1.057%	0.886%	0.857%	−0.156%	−1.08

	1 (low NSI)	2	3	4	5 (high NSI)	5−1	t (5−1)
All samples	0.506%	—	—	—	0.239%	−0.267%	−2.25
1 (low BM)	0.010%	—	—	—	−0.112%	−0.123%	−0.83
2	0.576%	—	—	—	0.250%	−0.326%	−3.07
3 (high BM)	1.061%	—	—	—	0.977%	−0.085%	−0.58
	1 (low Pnaive)	2	3	4	5 (high Pnaive)	5−1	t (5−1)
All samples	0.276%	0.240%	0.302%	0.546%	0.724%	0.448%	1.46
1 (low BM)	−0.022%	−0.132%	−0.187%	−0.172%	0.143%	0.165%	0.49
2	0.252%	0.192%	0.347%	0.539%	0.664%	0.412%	1.60
3 (high BM)	0.739%	0.856%	0.950%	1.183%	1.152%	0.413%	1.38
	1 (small Size)	2	3	4	5 (big Size)	5−1	t (5−1)
All samples	0.942%	0.457%	0.279%	0.259%	0.233%	−0.709%	−2.28
1 (low BM)	0.264%	−0.215%	−0.196%	−0.140%	−0.067%	−0.332%	−0.93
2	0.698%	0.252%	0.351%	0.297%	0.408%	−0.290%	−1.10
3 (high BM)	1.418%	1.026%	0.846%	0.692%	0.956%	−0.462%	−1.82

注：t 値は Newey and West（1987）の標準誤差で調整している。

オを構築して、月次リターンの時系列平均を計算する。表3-4のパネルAは、単純平均で計算したアノマリーを示している。サンプル全体の投資関連のアノマリーは、AG が−0.463%（t 値−2.62）、IA が−0.290%（t 値−1.74）、NSI が−0.292%（t 値−2.47）であり、投資を控える企業の株式が投資に積極的な企業の株式より高いリターンを獲得する傾向を確認することができる。しかし、BM で分割したいくつかのサブサンプル（例えば、BM の低いサブサンプル）ではアノマリーの消滅がみられる。また、サンプル全体の $Pnaive$ のアノマリーは0.473%（t 値1.53）であり、倒産確率の高い企業の株式が低い企業の株式より高いリターンを獲得する傾向を確認することができるが、BM で分割したサブサンプルではアノマリーの減少がみられる。類似の結果は、加重平均で計算したパネルBでも確認できる。これらの結果は、BM は企業属性のアノマリーに関連している可能性を示している。

2．実証結果

2.1 *RedBM* で分割したポートフォリオ

本節では、第1節第3項で推定した *RedBM* を用いて、*BM* をシステマティック・リスクでコントロールしたあとのバリュー効果を検証する。各月、前月の *RedBM* に基づいて5分位のポートフォリオを作成し、各分位のポートフォリオとヘッジング・ポートフォリオについて月次リターンの時系列平均を計算する。また、月次リターンをマーケットファクター、および Fama and French (1993) の3ファクターとモメンタムファクター (Carhart, 1997) で回帰してアルファを推定する[2]。

$$R_{pt} - Rf_t = \alpha_p + \beta_{Mktp}(Mkt_t - Rf_t) + \varepsilon_{pt} \quad (2)$$

$$R_{pt} - Rf_t = \alpha_p + \beta_{Mktp}(Mkt_t - Rf_t) + \beta_{SMBp}SMB_t \\ + \beta_{HMLp}HML_t + \beta_{WMLp}WML_t + \varepsilon_{pt} \quad (3)$$

ここで、R_{pt} はポートフォリオの月次リターン、Rf_t はリスクフリーレート、Mkt_t、SMB_t、HML_t は3ファクター(マーケット、企業規模、簿価時価比率)、WML_t はモメンタムファクターを表す。

表3-5のパネルAは、*BM* ヘッジング・ポートフォリオと *RedBM* ヘッジング・ポートフォリオの月次の単純平均のリターンとアルファを示している。t 値は Newey and West (1987) の標準誤差で調整している。*BM* ヘッジング・ポートフォリオのリターンは1.314%(t 値5.71)、マーケットファクターで回帰したアルファ(Mkt alpha)は1.315%(t 値5.74)、4ファクターで回帰したアルファ(4-Factor alpha)は0.251%(t 値2.53)であり、すべて有意である。また、*RedBM* ヘッジング・ポートフォリオについても、リターンは1.029%(t 値7.51)、マーケットファクターで回帰したアルファは1.033%(t 値7.58)、4ファクターで回帰したアルファは0.508%(t 値4.51)、であり、すべて有意である[3]。これら実証結果は、システマティック・リスクがバリュー効果の主な源泉ではないことを示しており、Fama and French (1993)、

---

2) 3ファクターおよびモメンタムファクターは、Kenneth R. French Data Library Web site の記述に従って、日本市場のデータを用いて計算している。

表3-5　*BM/RedBM* ヘッジング・ポートフォリオ

パネルA：単純平均リターン

		1(*low*)	2	3	4	5(*high*)	5−1	*t*(5−1)
BM	Returns	−0.180%	0.143%	0.459%	0.635%	1.134%	1.314%	5.71
	Mkt alphas	−0.279%	0.050%	0.365%	0.541%	1.036%	1.315%	5.74
	4-Factor alphas	−0.205%	−0.200%	−0.094%	−0.120%	0.046%	0.251%	2.53
RedBM	Returns	0.021%	0.173%	0.339%	0.620%	1.050%	1.029%	7.51
	Mkt alphas	−0.079%	0.078%	0.245%	0.526%	0.954%	1.033%	7.58
	4-Factor alphas	−0.449%	−0.135%	−0.096%	0.050%	0.059%	0.508%	4.51

パネルB：加重平均リターン

		1(*low*)	2	3	4	5(*high*)	5−1	*t*(5−1)
BM	Returns	−0.191%	0.135%	0.450%	0.629%	1.123%	1.314%	5.50
	Mkt alphas	−0.290%	0.042%	0.357%	0.535%	1.025%	1.315%	5.53
	4-Factor alphas	−0.168%	−0.191%	−0.094%	−0.126%	0.044%	0.212%	2.12
RedBM	Returns	−0.016%	0.146%	0.316%	0.595%	1.023%	1.039%	7.46
	Mkt alphas	−0.116%	0.051%	0.222%	0.501%	0.928%	1.044%	7.53
	4-Factor alphas	−0.444%	−0.130%	−0.087%	0.057%	0.062%	0.506%	4.52

注：*t*値は Newey and West（1987）の標準誤差で調整している。

Zhang（2005）の主張とは異なるものである。また、伝統的なファクターでコントロールしたあとにおいても、バリュー効果がミスプライシングによるものである可能性を示唆している。

2.2　*RedBM* と裁定の限界の代理変数で分割したポートフォリオ

　ミスプライシング仮説では、バリュー効果は、市場参加者の行動バイアスによるミスプライシングを反映するものであると提言する。仮にミスプライシングがバリュー効果の主な源泉であるならば、裁定に厳しい制約がある株式の間でバリュー効果は強まると考えられる。この仮説をテストするために、Ali, Hwang, and Trombley（2003）に従い、裁定の限界を示す3つの代理変数を用いる。1つ目の代理変数として、固有ボラティリティ（idiosyncratic volatility: *IVOL*）を採用する。裁定取引者は、分散投資が不十分であるため、固有リスクがポートフォリオの総リスクに追加される。よって、裁定取引者は固有ボラティリティの高い企業への投資を避ける傾向にあり、これはヘ

3）加重平均で計算したリターンについても同様の結果を確認できる（表3-5のパネルB参照）。

ッジを困難にすることにつながる（Shleifer and Vishny, 1997）。本テストでは、過去36か月の個別株式の超過リターンを4ファクター（Fama and French, 1993の3ファクターとモメンタムファクター）で回帰して推定した残差の標準偏差を、固有ボラティリティ（*IVOL*）と定義する。次に2つ目の代理変数として、外国人持株比率（foreign investors ownership: *FORGN*）を採用する。発行済株式に対する外国人投資家の所有割合を、外国人持株比率（*FORGN*）と定義する。Hamao and Mei（2001）によると、日本では、外国人投資家は国内投資家より洗練された投資技術を持つと考えられている。洗練された投資家の保有割合が高い企業の株式は、裁定が合理的に達成されるため、バリュー効果は弱まると考えられる。最後に3つ目の代理変数として、時価総額（*MCAP*）を採用する。取引コストの高い企業は、同コストの低い企業より裁定が困難であり、バリュー効果は強まると考えられる。取引コストの代理変数としては、流動性、ビッド・アスク・スプレッド、出来高等が挙げられるが、本テストでは取引コストを包括的に捉える代理変数として時価総額を用いる。これら3つの裁定の限界を示す代理変数を用いて、*RedBM*によるリターンの予測可能性を検証する。

　まずはじめに、裁定の限界の各代理変数に基づき、すべての株式を3つのサブサンプルに分割する。10分位に分割したサンプルの上位3分位と下位3分位を基準点とする。そして、*RedBM*を用いて5分位のポートフォリオを作成し、ヘッジング・ポートフォリオを構築する。表3-6のパネルAでは、固有ボラティリティ（*IVOL*）でテストした単純平均リターンの結果を示している。*IVOL*の高いサブサンプルの*RedBM*ヘッジング・ポートフォリオは、*IVOL*の低いサブサンプルの同ポートフォリオより高いリターンを獲得することが確認できる。*IVOL*の高いサブサンプルと低いサンサブサンプルのリターンの差異は0.436％（*t*値2.55）であり有意である。また、マーケットファクターで回帰したアルファ（*Mkt alpha*）の差異は0.437％（*t*値2.57）、4ファクターで回帰したアルファ（*4-Factor alpha*）の差異は0.477％（*t*値2.83）であり、ともに有意である[4]。この結果は、固有リスクが大きい株式のミスプライシングはすぐに修正されないため、バリュー効果が強まること

4）加重平均で計算したリターンの差異についても同様の結果を確認できる（表3-6のパネルB参照）。

表3-6 　IVOL（固有ボラティリティ）で分割したサブサンプルごとの RedBM ヘッジング・ポートフォリオ

パネル A：単純平均リターン

		1 (low RedBM)	2	3	4	5 (high RedBM)	5−1	t (5−1)
Returns	1 (low IVOL)	0.373%	0.364%	0.556%	0.729%	1.042%	0.669%	4.64
	2	0.296%	0.301%	0.367%	0.680%	1.076%	0.780%	5.07
	3 (high IVOL)	−0.272%	−0.097%	0.018%	0.205%	0.833%	1.105%	6.88
	3 (high)−1 (low)						0.436%	2.55
Mkt alphas	1 (low IVOL)	0.298%	0.287%	0.480%	0.651%	0.960%	0.662%	4.67
	2	0.196%	0.205%	0.270%	0.584%	0.979%	0.783%	5.13
	3 (high IVOL)	−0.382%	−0.206%	−0.094%	0.093%	0.717%	1.099%	6.89
	3 (high)−1 (low)						0.437%	2.57
4-Factor alphas	1 (low IVOL)	−0.091%	−0.050%	0.080%	0.142%	0.191%	0.282%	2.36
	2	−0.181%	−0.040%	−0.104%	0.070%	0.100%	0.281%	2.29
	3 (high IVOL)	−0.914%	−0.378%	−0.255%	−0.270%	−0.154%	0.760%	4.74
	3 (high)−1 (low)						0.477%	2.83

パネル B：加重平均リターン

		1 (low RedBM)	2	3	4	5 (high RedBM)	5−1	t (5−1)
Returns	1 (low IVOL)	0.358%	0.343%	0.542%	0.714%	1.030%	0.672%	4.62
	2	0.256%	0.260%	0.347%	0.647%	1.042%	0.785%	5.03
	3 (high IVOL)	−0.326%	−0.122%	−0.003%	0.185%	0.792%	1.118%	6.85
	3 (high)−1 (low)						0.446%	2.59
Mkt alphas	1 (low IVOL)	0.283%	0.265%	0.466%	0.635%	0.947%	0.664%	4.65
	2	0.157%	0.164%	0.249%	0.551%	0.945%	0.788%	5.09
	3 (high IVOL)	−0.436%	−0.231%	−0.116%	0.073%	0.675%	1.110%	6.87
	3 (high)−1 (low)						0.446%	2.60
4-Factor alphas	1 (low IVOL)	−0.091%	−0.056%	0.086%	0.150%	0.199%	0.290%	2.40
	2	−0.190%	−0.054%	−0.099%	0.062%	0.085%	0.275%	2.25
	3 (high IVOL)	−0.928%	−0.371%	−0.223%	−0.247%	−0.152%	0.776%	4.84
	3 (high)−1 (low)						0.486%	2.92

注：t 値は Newey and West (1987) の標準誤差で調整している。

を示している。

表3-7のパネル A では、外国人持株比率（FORGN）でテストした単純平均リターンの結果を示している。FORGN の低いサブサンプルの RedBM ヘッジング・ポートフォリオが、FORGN の高いサブサンプルの同ポートフォリオより高いリターンを獲得することが確認できる。FORGN の高いサブサンプルと低いサブサンプルのリターンの差異は−0.425%（t 値−1.89）で有意

表3-7 *FORGN*（外国人持株比率）で分割したサブサンプルごとの *RedBM* ヘッジング・ポートフォリオ

パネル A：単純平均リターン

		1 (low RedBM)	2	3	4	5 (high RedBM)	5−1	t (5−1)
Returns	1 (low FORGN)	−0.026%	0.372%	0.437%	0.754%	1.213%	1.239%	8.77
	2	0.020%	0.098%	0.406%	0.571%	1.087%	1.067%	5.75
	3 (high FORGN)	0.027%	0.024%	0.338%	0.468%	0.841%	0.814%	4.13
	3(high)−1(low)						−0.425%	−1.89
Mkt alphas	1 (low FORGN)	−0.125%	0.279%	0.348%	0.661%	1.119%	1.244%	8.84
	2	−0.080%	0.003%	0.312%	0.479%	0.990%	1.070%	5.81
	3 (high FORGN)	−0.074%	−0.076%	0.242%	0.373%	0.743%	0.817%	4.15
	3(high)−1(low)						−0.427%	−1.91
4-Factor alphas	1 (low FORGN)	−0.888%	−0.253%	−0.208%	0.008%	0.227%	1.116%	6.59
	2	−0.237%	−0.245%	−0.085%	−0.118%	0.021%	0.259%	2.03
	3 (high FORGN)	−0.029%	−0.031%	0.100%	0.060%	0.015%	0.044%	0.31
	3(high)−1(low)						−1.071%	−5.36

パネル B：加重平均リターン

		1 (low RedBM)	2	3	4	5 (high RedBM)	5−1	t (5−1)
Returns	1 (low FORGN)	−0.086%	0.338%	0.409%	0.728%	1.197%	1.283%	9.13
	2	−0.008%	0.071%	0.392%	0.563%	1.073%	1.082%	5.86
	3 (high FORGN)	0.020%	0.020%	0.334%	0.453%	0.815%	0.795%	4.04
	3(high)−1(low)						−0.488%	−2.20
Mkt alphas	1 (low FORGN)	−0.184%	0.245%	0.320%	0.636%	1.103%	1.287%	9.19
	2	−0.109%	−0.024%	0.300%	0.471%	0.976%	1.085%	5.91
	3 (high FORGN)	−0.081%	−0.081%	0.237%	0.358%	0.716%	0.798%	4.07
	3(high)−1(low)						−0.489%	−2.21
4-Factor alphas	1 (low FORGN)	−0.924%	−0.266%	−0.214%	−0.001%	0.226%	1.149%	6.86
	2	−0.247%	−0.255%	−0.083%	−0.106%	0.023%	0.270%	2.12
	3 (high FORGN)	−0.012%	−0.023%	0.116%	0.070%	0.026%	0.038%	0.26
	3(high)−1(low)						−1.111%	−5.54

注：t 値は Newey and West（1987）の標準誤差で調整している。

である。また、マーケットファクターで回帰したアルファ（Mkt alpha）の差異は−0.427%（t値−1.91）、さらに 4 ファクターで回帰したアルファ（4-Factor alpha）の差異は−1.071%（t値−5.36）であり、ともに有意である[5]。この結果は、洗練された投資家の保有割合が低い企業の株式は裁定が合理的に達成されないため、バリュー効果が強まることを示している。

5）加重平均で計算したリターンの差異についても同様の結果を確認できる（表3-7のパネル B 参照）。

表3-8 *MCAP*（時価総額）で分割したサブサンプルごとの *RedBM* ヘッジング・ポートフォリオ

パネル A：単純平均リターン

		1 (low RedBM)	2	3	4	5 (high RedBM)	5−1	t (5−1)
Returns	1 (small MCAP)	0.380%	0.583%	0.750%	1.049%	1.392%	1.012%	6.70
	2	−0.253%	0.046%	0.236%	0.492%	0.940%	1.193%	7.02
	3 (big MCAP)	−0.118%	−0.010%	0.235%	0.393%	0.753%	0.870%	5.00
	3 (big)−1 (small)						−0.141%	−0.79
Mkt alphas	1 (small MCAP)	0.271%	0.484%	0.653%	0.953%	1.293%	1.022%	6.85
	2	−0.350%	−0.047%	0.145%	0.399%	0.846%	1.196%	7.05
	3 (big MCAP)	−0.213%	−0.109%	0.140%	0.300%	0.660%	0.873%	5.02
	3 (big)−1 (small)						−0.149%	−0.84
4-Factor alphas	1 (small MCAP)	−0.489%	−0.158%	0.000%	0.164%	0.201%	0.689%	4.28
	2	−0.562%	−0.271%	−0.274%	−0.153%	−0.001%	0.561%	4.30
	3 (big MCAP)	−0.077%	−0.090%	0.012%	0.046%	0.184%	0.261%	1.86
	3 (big)−1 (small)						−0.428%	−2.58

パネル B：加重平均リターン

		1 (low RedBM)	2	3	4	5 (high RedBM)	5−1	t (5−1)
Returns	1 (small MCAP)	0.347%	0.569%	0.737%	1.047%	1.373%	1.026%	6.86
	2	−0.255%	0.041%	0.238%	0.496%	0.938%	1.193%	7.00
	3 (big MCAP)	−0.115%	−0.016%	0.226%	0.388%	0.746%	0.861%	4.98
	3 (big)−1 (small)						−0.165%	−0.95
Mkt alphas	1 (small MCAP)	0.238%	0.469%	0.641%	0.951%	1.275%	1.036%	7.01
	2	−0.352%	−0.052%	0.147%	0.404%	0.844%	1.196%	7.03
	3 (big MCAP)	−0.211%	−0.115%	0.130%	0.294%	0.653%	0.863%	4.99
	3 (big)−1 (small)						−0.173%	−0.99
4-Factor alphas	1 (small MCAP)	−0.501%	−0.165%	−0.006%	0.167%	0.203%	0.704%	4.41
	2	−0.559%	−0.273%	−0.269%	−0.145%	−0.001%	0.558%	4.29
	3 (big MCAP)	−0.072%	−0.088%	0.013%	0.055%	0.201%	0.201%	1.92
	3 (big)−1 (small)						−0.431%	−2.65

注：t 値は Newey and West（1987）の標準誤差で調整している。

表3-8のパネル A では、時価総額（*MCAP*）でテストした単純平均リターンの結果を示している。*MCAP* の小さいサブサンプルの *RedBM* ヘッジング・ポートフォリオが、*MCAP* の大きいサブサンプルの同ポートフォリオより高いリターンを獲得することが確認できる。*MCAP* の大きいサブサンプルと小さいサブサンプルのリターンの差異は−0.141%（t 値−0.79）で有意ではないが、4 ファクターで回帰したアルファ（*4-Factor alpha*）の差異は

−0.428％（t 値−2.58）で有意である[6]。この結果は、取引コストの高い企業は裁定に制限があるため、バリュー効果が強まることを示している。

本節では、固有ボラティリティの高い株式の間で、あるいは洗練された投資家の保有割合が低い株式や取引コストの高い株式の間で、バリュー効果が強まる傾向を確認した。これら実証結果は、Ali, Hwang, and Trombley（2003）と同様の結果を、BM からリスクの影響を取り除いた $RedBM$ を用いて示したものである。この発見は、投資家の行動バイアスがバリュー効果を引き起こすと主張する Lakonishok, Shleifer, and Vishny（1994）と整合的であり、ミスプライシング仮説を支持する結果である。

3．おわりに

本章では、バリュー効果の主な源泉がシステマティック・リスクではなく、ミスプライシングによるものであることを示した。まずはじめに、簿価時価比率（BM）から投資と財務的困窮の影響を取り除いたあとも、バリュー効果が消滅しないことを確認した。BM を投資と財務的困窮の変数で回帰して求めた残差で作成した $RedBM$ ヘッジ・ポートフォリオのアルファ（4ファクターで回帰）は0.508％（t 値4.51）で有意となった。この結果は、BM がリスクを反映すると主張する Fama and French（1993）、Zhang（2005）とは異なるものであり、バリュー効果がミスプライシングによる可能性を示している。さらに、投資家のミスバリュエーションの可能性を検証するために、Ali, Hwang, and Trombley（2003）に従ってバリュー効果に対する裁定の限界を検証した結果、固有ボラティリティの高い株式、洗練された投資家の保有割合が低い株式、取引コストの高い株式で、$RedBM$ のバリュー効果が強まることを発見した。固有ボラティリティ（$IVOL$）の高いサブサンプルと低いサブサンプルの $RedBM$ ヘッジ・ポートフォリオのアルファの差異は0.477％（t 値2.83）で有意となり、また外国人持株比率（$FORGN$）、時価総額（$MCAP$）を用いたテストにおいても、アルファの差異はそれぞれ −1.071％（t 値−5.36）、−0.428％（t 値−2.58）で有意となった。裁定の限

6）加重平均で計算したリターンの差異についても同様の結果を確認できる（表3-8のパネルB参照）。

界の度合いが大きい株式でバリュー効果が強まることを示すこれらの結果は、投資家の行動バイアスがバリュー効果を引き起こすと主張する Lakonishok, Shleifer, and Vishny（1994）と整合的である。

本テストでは、*BM* からリスク要素を取り除いた *RedBM* を用いて Ali, Hwang, and Trombley（2003）と同様の結果を示しており、ミスプライシング仮説を支持する頑健な証拠を提示するものとなった。

参考文献

Ali, A., Hwang, L. and Trombley, M. A.（2003）"Arbitrage risk and the book-to-market anomaly," *Journal of Financial Economics*, 69, 355-373.

Bharath, S. T. and Shumway, T.（2008）"Forecasting default with the Merton distance to default model," *Review of Financial Studies*, 21, 1339-1369.

Carhart, M. M.（1997）"On persistence in mutual fund performance," *Journal of Finance*, 52, 57-82.

Cooper, M. J., Gulen, H. and Schill, M. J.（2008）"Asset growth and the cross-section of stock returns," *Journal of Finance*, 63, 1609-1651.

Fama, E. F. and French, K. R.（1993）"Common risk factors in the returns on stocks and bonds," *Journal of Financial Economics*, 33, 3-56.

Fama, E. F. and French, K. R.（2006）"Profitability, investment and average returns," *Journal of Financial Economics*, 82, 491-518.

Griffin, J. M. and Lemmon, M. L.（2002）"Book-to-market equity, distress risk, and stock returns," *Journal of Finance*, 57, 2317-2336.

Hamao, Y. and Mei, J.（2001）"Living with the "enemy": an analysis of foreign investment in the Japanese equity market," *Journal of International Money and Finance*, 20, 715-735.

Lakonishok, J., Shleifer, A. and Vishny, R. W.（1994）"Contrarian investment, extrapolation, and risk," *Journal of Finance*, 49, 1541-1578.

Li, D. and Zhang, L.（2010）"Does q-theory with investment frictions explain anomalies in the cross section of returns?" *Journal of Financial Economics*, 98, 297-314.

Lyandres, E., Sun, L. and Zhang, L.（2008）"The new issues puzzle: testing the investment-based explanation," *Review of Financial Studies*, 21, 2825-2855.

Newey, W. K. and West, K. D.（1987）"A simple, positive semi-definite, heteroskedasticity and autocorrelation consistent covariance matrix," *Econometrica*, 55, 703-708.

Shleifer, A. and Vishny, R. W. (1997) "The limits of arbitrage," *Journal of Finance*, 52, 35-55.

Xing, Y. (2008) "Interpreting the value effect through the q-theory: an empirical investigation," *Review of Financial Studies*, 21, 1767-1795.

Zhang, L. (2005) "The value premium," *Journal of Finance*, 60, 67-103.

第Ⅱ部

銀行規制と経済の効率性

第 4 章

2000年代における銀行リスクの決定要因

自己資本、流動性と銀行リスク

一橋大学大学院商学研究科　安田　行宏

はじめに

　本章では2000年代における日本の銀行リスクの決定要因について検証する。学術分野における銀行リスクの決定要因について、世界金融危機前後における銀行のインセンティブに着目した研究が数多く存在する。特に、米国において、Acharya and Naqvi (2012) が理論的に示すように、短期負債での資金調達の増加と銀行のリスクテイクの関係に注目が集まった。この背景として、世界金融危機では、満期の短期化により銀行の流動性リスクが高まり、結果として金融システムの安定性を阻害することが顕在化したことなどがある。

　これに対して本章の分析の特徴は、日本企業が資金余剰になった状況下において、銀行リスクの決定要因に関してどのような現象が見受けられるのかを実証的に検証することにある。この背景には、日本での金融危機の体験を踏まえ、日本企業が過剰債務問題の解消を通じて銀行借入の圧縮を行ってきたことや、デフレ経済の下でのたび重なる金融緩和政策などがある。実際、銀行の貸出残高は2000年代以降を通じて大きく減少している一方で、預金残高は増加し預貸ギャップが拡大している。資金需要が低迷している中での銀行のリスクテイクの分析は、伝統的な預貸業務を軸とする日本の銀行業であ

るからこそ意味がある検証であり、金融ビジネスの多角化の観点からも興味深いテーマであると考えられる。というのも、人口減少など日本経済の構造変化に適応した銀行のビジネスモデルの在り方について、リスクテイクの観点から実証的知見を踏まえた喫緊の検討課題といえるからである。

　以上の問題意識に基づき、本章では、2000年代の資金余剰の状況下における日本の銀行リスクの決定要因について検証することを目的とする。流動性については、資金余剰の状況の下でも銀行間で相対的な流動性リスクは異なると予想される。また、短期預金による長期国債の運用の拡大の可能性など、日本の金融システムにおける流動性の問題は、米国と状況は異なっても存在する重要なリスク要因に変わりはないと考えられる。

　本章の分析結果をあらかじめ要約すると以下のとおりである。

　第一に、自己資本比率と銀行リスクには負の相関関係があり、自己資本比率規制の狙いどおり、自己資本の増加は銀行リスクを低下させることを示唆する結果である。第二に、銀行の国債保有残高と銀行リスクには負の相関関係がある。これは銀行の安全資産保有という評価が潜在的な金利上昇リスクよりも強いことを示唆する結果である。そして第三に、預金比率、あるいは預貸率で測った流動性指標と銀行リスクの間には非線形の関係があるという結果である。具体的には、預金比率が87.5％を超えると、銀行リスクはむしろ高まることを示唆する結果である。86.7％が平均の預貸率であるから、多くの銀行においてリスクシフトと整合的な結果となっている。

　本章の構成は以下のとおりである。第1節では、大きな視野で日本の銀行業が置かれた状況について概観する。第2節で、先行研究に基づきながら仮説構築を行い、第3節でデータと実証法について説明する。第4節で実証結果を説明し、第5節で今後の課題を論じる。そして、第6節でまとめを行い結びとする。

1．2000年代における日本の銀行業が置かれた状況

　本節では予備的な考察として、2000年代以降の日本の銀行業の置かれた経済環境について概観する。よく知られているように、図4-1のグラフが示すとおり、日本経済は1990年代後半以降、企業部門が資金余剰部門に転じてい

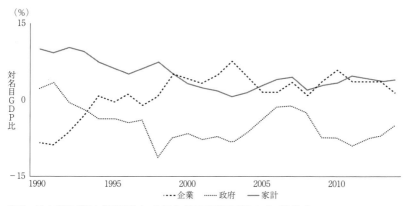

出所:日本銀行「資金循環統計」、内閣府「国民経済計算」に基づき作成。
図4-1　1990年代と2000年代における日本経済の資金過不足

る。1990年代後半の金融危機を踏まえ、日本企業は負債の縮小に向けて取り組むとともに現金保有を増加させてきたことが背景となっている。特に2000年代以降、日本企業は資金余剰主体に転換しており、銀行に対する資金需要の低迷につながっている。他方で、政府部門の赤字が拡大しており、企業部門の黒字と対照的な推移をしている。銀行による国債保有の増加のひとつの要因となっている。

　図4-2は全国銀行の預貸率(貸出金に対する預金の比率:貸出金／預金)の推移を表すグラフである。この図からわかるように、預貸率は基本的に下方トレンドにあることがわかる。少し細かくみると、世界金融危機前後のあたりで一時的な上昇が見受けられる。預貸率の減少トレンドの要因には、まず、図4-3にあるように、2000年代前半に分母である預金が増加したことが挙げられる。1990年代後半の日本の金融危機を経てペイオフ解禁に至るまでの預金保険の制度の改革がその背景にある。

　預貸率の減少トレンドのもうひとつの要因は、分子の貸出残高の動向である。図4-4を見ると明らかなように、世界金融危機時に一時的な上昇が見受けられるが、貸出比率(貸出金／総資産)も減少トレンドである。

　図4-5は全国銀行のリスク管理債権の対貸出残高比率の推移を表すグラフである。2000年代初頭は9％台の高い比率から始まっており、不良債権問題

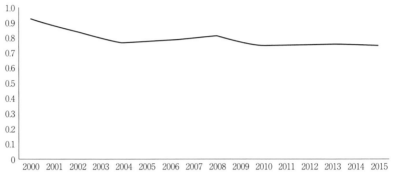

図4-2　預貸率の推移

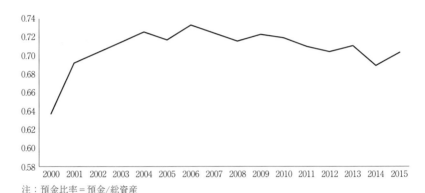

注：預金比率＝預金/総資産

図4-3　預金比率の推移

が3％台を一貫して下回るのは2005年度以降である。世界金融危機の時にも、証券化商品を保有していなかったこともあり、不良債権比率の増加はみられず、日本の銀行は健全な状況にあったことがわかる[1]。

2．先行研究と仮説構築

銀行リスクの決定要因で中心的なものは自己資本比率である。銀行の自己資本は、バーゼル合意以降、いわゆるBIS規制として国際的に重要視され、

---

1) ただし、世界金融危機時には不良債権の基準が緩和されている点には注意が必要である。

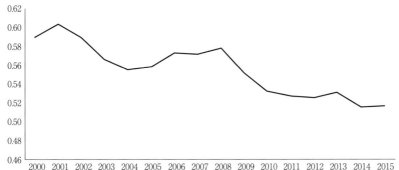

出所:図4-2、4-3、4-4とも全国銀行協会『全国銀行財務諸表分析』に基づき作成。

図4-4　貸出比率の推移

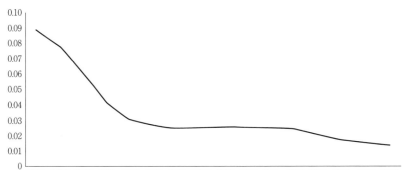

出所:金融庁「金融再生法開示債権の状況等について」に基づき作成。

図4-5　リスク管理債権比率の推移

銀行リスクの抑制手段の中核をなしている一方で、銀行のリスクテイクに与える影響は理論的にも実証的にも分析は多岐にわたっている。近年における研究として、例えば、Mehran and Thakor（2011）は、銀行の資本構成について動学的なモデルで分析し、銀行間での自己資本比率の相違は銀行の企業価値と正の相関関係になることを示している。

　一般に、自己資本比率自体が高まることは、他の条件を一定としてバッファーの厚みを増すことから、銀行リスクの低下要因と考えられる。他方で、自己資本比率が規制により強制的に高められる場合（つまり、規制が有効〔binding〕である場合）、銀行側が分母のリスクウェイトの算出方法を踏まえ、

第4章　2000年代における銀行リスクの決定要因——自己資本、流動性と銀行リスク　69

リスクアセットのポートフォリオを変化させる可能性があり、結果として銀行リスクがむしろ高まることが考えられる。他方で、Hyun and Rhee（2011）は、自己資本比率を上げるために、銀行は新株を発行するよりもむしろリスクアセットを減少させることを実証的に示している。Shimizu（2015）は、日本の銀行を分析対象とし、自己資本比率規制に直面する銀行がターゲットとなるリスクアセットの調整について検証し、リスクウェイトの構成を変化させることで調整し、自己資本比率規制に対応していることを実証的に示している。

このように自己資本と銀行リスクの関係は理論的にも実証的にも結果は混在しており、2000年代の資金余剰下における日本の銀行を対象に分析することの意義は大きいと思われる。本章では、リスクのバッファーとしての通常のメカニズムを想定し、以下の仮説を構築する。

仮説：銀行の自己資本比率と銀行リスクは負の相関関係にある。

銀行の国債保有の増加は市場にどのように評価されてきたのだろうか。国債保有は安全資産としてみなせる側面がある一方で、潜在的に金利の上昇局面においては、債券価格の下落を通じた銀行リスクの増加要因になりうる。もっとも満期までの保有を前提とすればこの限りではなく、また、デュレーションによるリスク管理が機能していれば、同じく問題ではない。しかし、預金の満期の短期化が進行する一方で、運用先は長期的運用先として国債に投資することが定着していると、金利の上昇は流動性の逼迫を招く懸念もある。

さらに、安全資産としての保有は、BISの自己資本比率の算出における分母のリスクアセットの計算に直接的に影響する。すなわち、リスクウェイトが０％であるため、銀行は国債保有をする限りにおいては分母の値が増加しない。この意味では上記の自己資本比率の仮説と密接に関係する。この点については複数の自己資本比率を用いる検証を通じてどの経路が説得的かを吟味する。

総じて、第１節で概観したように、預貸率の低下にともない銀行の国債保有の増加のインパクトは非常に大きいものとなっていることから、国債保有と銀行リスクの関係は実証的にも重要な知見を提供するものと考えられる。

本章では、安全資産として国債保有を評価する仮説を基本に検証を行う。

仮説：銀行の国債保有と銀行リスクは負の相関関係にある。

第1節の考察により、預貸率の低下のトレンドを示し、銀行は資金余剰が生じていると考えられる。一般に、銀行の流動性の高まりとリスクテイクの関係は学術的課題である。短期的な預金による長期国債での運用など、一般に流動性リスクは銀行のマネジメント上の脅威であると認識されており、金融システムの安定性を毀損させる要因となる。Acharya and Naqvi（2012）によると、預金の流入によって銀行の流動性リスクが低下すると、銀行は積極的に貸出基準を緩和し、貸出金利を引き下げ貸出量のボリュームを増加させることを通じたリスクテイクのインセンティブが高まることを理論的に示している。Hong et al.（2014）は、システミックな流動性リスクは銀行の倒産の重要な決定要因であることを実証的に示している。

DeYoung and Jang（2016）は、1992年から2012年までの米国銀行を対象に、バーゼルⅢの流動性リスク指標の考え方をベースに、どのように米国銀行は流動性リスクの管理を行っていたのかを分析し、おおむねバーゼルⅢと整合的な形で流動性リスク管理を行っていたことを実証的に示している。King（2013）によると、流動性を高めるために銀行は高い金利を支払うことで長期資金を獲得するため、流動性規制はかえって銀行リスクを高めるメカニズムが存在する。Khan et al.（2017）は、1986年から2014年までを分析期間として米国の金融持ち株会社を分析対象に、流動性リスク（Funding liquidity risk）と銀行リスクの関係を検証し、Funding liquidity risk が低下すると、銀行リスクが高まることを実証的に明らかにしている。しかし、銀行のサイズや自己資本のバッファーが高ければ銀行リスクを抑制することも併せて実証的に示している。

ただし、このリスクテイクのインセンティブは貸出量と経営者の報酬とリンクしているためであり、日本のように業績連動によるリスクテイクのインセンティブがほとんどない状況においては、このメカニズムは機能しないと考えるほうが妥当かもしれない。一方、近年、業績連動型の報酬を導入するケースも増加していることから、この限りではないかもしれない。この意味で、特に日本の文脈においては理論モデルで示唆されることは明らかでない

ため実証的課題といえる。本章では、リスクテイクのインセンティブが日本では高くないので、流動性リスクの低下（資金余剰の程度）と銀行リスクは正の相関関係にあると仮定して検証を行う。

仮説：銀行の流動性リスクと銀行リスクには正の相関関係がある。

3．データと実証方法

以下では、銀行リスクの決定要因を検証するために銀行の個票データに基づき検証を行う。本章の分析で用いる銀行の財務データ・株価データは、いずれも日経 NEEDS Financial Quest から収集している。2000年3月期から2013年3月期までの年次データを対象に分析を行っている。分析対象とする銀行は、データの収集可能な日本の上場している銀行であり、連結データを用いる。当該分析期間における M&A などの影響をコントロールするために、資産の年度の変化率が20％以上のケースをサンプルから除いて推計する（結果的には、本章に用いるデータでは資産の変化率の上位・下位1％のサンプルを除くことに等しい）。

銀行のパネルデータに基づき、以下の推計式を固定効果モデルで推計する。

$$Risk_{i,t} = \beta_1 CAP_{i,t-1} + \beta_2 JGB\_at_{i,t-1} + \beta_3 Funding_{i,t-1} + \beta \cdot Control + \alpha_i + \varepsilon_{i,t}$$

(1)

本稿ではリスク指標 $Risk_{i,t}$ として、まず、①トータルリスク t_risk_p（日次の株式収益率のボラティリティ〔t 年の7月1日から $t+1$ 年の3月末までの調整済み株価に基づく日次の株式収益率の標準偏差〕）、②ファームスペシフィックリスク f_risk_p（マーケットモデルに基づく推計による残差のボラティリティ）、③ ROA の標準偏差 std_roa（$t-1$ 年から $t+1$ 年の3年間の ROA の標準偏差）、④ Z スコア $NegLogZ$（Z スコアの負の値の自然対数値である。Z スコアは、（ROA＋自己資本比率）/std_roa で定義される倒産リスクの指標）を用いることとする。①と②は株価に基づくリスク指標、③と④は財務データに基づくリスク指標である。これらのリスク指標は、いずれも銀行のリスクテイクの論文でよく使

われる指標である。

説明変数の CAP は自己資本比率であり、具体的には簿価に基づく自己資本比率（自己資本/総資産）CAR と、BIS 基準に基づく自己資本比率 BIS_ratio の 2 通りを用いる。自己資本比率が高いほど銀行リスクが低くなることが期待されるので、予想される符号は負となる。逆に、仮説の個所で論じたように規制による自己資本比率の上昇によって銀行がリスクシフトしているならば、予想される符号は正となる。次に、JGB_at は国債保有比率（国債/総資産）であり、国債保有比率が高くなることで銀行リスクが低下するのであれば、予想される符号は正である。逆に、国債保有比率が高まることで、デュレーションギャップが広まり、銀行リスクが高まるのであれば符号は正となる。$Funding$ は銀行の流動性リスク（逆にいえば資金余剰の程度）であり、本章では、Khan et al.（2017）に従い、まずは預金比率（預金/総資産）$deposit\_at$ を流動性リスクの指標として用いる。併せて、日本の文脈を踏まえ、預貸率（貸付金/預金）$loans\_deposit$ も流動性リスクの指標として用いることとする。

その他、銀行リスクに影響を与えると考えられる要因をコントロールするために、$badlt$、ROA、at を加えている。$badlt$ はリスク管理債権比率（リスク管理債権/貸出金）であり、不良債権比率を表す。第 1 節で論じたように、平均的には不良債権比率は低位安定していると考えられるが、銀行間の違いを考慮するための変数であり、予想される符号は正である。ROA は収益性を表し、当期利益/総資産で算出される。収益性が高いほど、不良債権比率が低く、利益剰余金が高まると予想されるので、予想される符号は負となる[2]。最後に at は総資産額であり、銀行のサイズの影響をコントロールするための変数である。

その他の銀行リスクに与える要因については、年次ダミーと個別効果（各銀行ダミー）で制御して推計する。なお、銀行レベルでクラスターロバストな標準誤差を推定している。

表4-1は、本章の分析対象となる銀行の記述統計量である。トータルリスク（t_risk_p）の平均は 2％程度であることがわかる。そのうち、ファーム

2）一方で、収益性を高めるためにはリスクをとる必要があるため、リスクが高い結果、ROA が高い逆の因果関係もありうるため、正になることもありうる。

表4-1　記述統計量

変数	観測数	平均	標準偏差	最小値	最大値
t_risk_p	1,187	0.020	0.008	0.002	0.067
f_risk_p	1,187	0.016	0.007	0.002	0.067
std_roa	1,170	0.003	0.004	0.000	0.033
$NegLogZ$	1,162	−3.665	1.514	−7.708	1.130
CAR	1,187	0.049	0.013	0.007	0.119
BIS_ratio	1,187	0.106	0.021	0.023	0.180
JGB_at	1,187	0.046	0.065	0.000	0.274
$badlt$	1,187	0.052	0.027	0.010	0.190
ROA	1,187	0.001	0.005	−0.048	0.017
$deposit\_at$	1,187	0.865	0.094	0.326	0.962
$loans\_deposit\_at$	1,187	0.759	0.100	0.533	1.811
at(billion yen)	1,187	7,741	24,800	351	234,000

	t_risk_p	f_risk_p	std_roa	$NegLogZ$	CAR	BIS_ratio	JGB_at	$badlt$	ROA	$deposit\_at$	$loan\_deposit$	at
t_risk_p	1.000											
f_risk_p	0.899	1.000										
std_roa	0.150	0.264	1.000									
$NegLogZ$	0.141	0.277	0.774	1.000								
CAR	−0.101	−0.216	−0.250	−0.486	1.000							
BIS_ratio	−0.033	−0.241	−0.282	−0.405	0.597	1.000						
JGB_at	−0.151	−0.205	−0.071	−0.060	−0.035	0.445	1.000					
$badlt$	−0.005	0.199	0.371	0.392	−0.226	−0.557	−0.455	1.000				
ROA	−0.063	−0.212	−0.332	−0.463	0.357	0.385	0.045	−0.377	1.000			
$deposit\_at$	−0.229	−0.112	−0.181	−0.083	−0.195	−0.432	−0.061	0.219	−0.081	1.000		
$loans\_deposit$	0.262	0.272	0.338	0.255	0.032	−0.067	−0.159	0.050	−0.081	−0.561	1.000	
at	0.088	−0.018	0.007	0.060	−0.131	0.261	0.164	−0.209	0.098	−0.551	0.067	1.000

スペシフィックリスクの平均値が1.6%程度であるから、銀行のトータルリスクの構成要素のうち8割程度が銀行固有の要因であることがわかる。std_roa の平均は0.3%であり、また ROA の平均が0.1%程度であるから、巷で言われるように銀行の低収益性が読み取れる。CAR に基づく自己資本比率の平均は4.9%である一方で、BIS基準でのそれの平均は10.6%と高い水準を維持している。国債保有比率を表す JGB_at の平均は4.6%である。流動性指標として用いる預金比率 $deposit\_at$ と預貸率 $loans\_deposit$ の平均はそれぞれ86.5%、75.9%となっており非常に高い水準であることがわかる。

4．実証結果

　表4-2のパネル A は、(1)式に基づく実証結果である。リスク指標の違い（具体的には、トータルリスク〔t_risk_p〕、ファームスペシフィックリスク〔f_risk_p〕、ROA の標準偏差〔std_roa〕、Z スコアの負の対数値〔$NegLogZ$〕）と、自己資本比率の 2 種類（簿価に基づく自己資本比率〔CAR〕と、BIS 優先比率〔BIS_ratio〕）に応じて、合計 8 列の推計結果が示されている。

　(1)列をベースに見てみると、自己資本比率（CAR）の係数は負で統計的に有意である。1％の自己資本比率の上昇に対してトータルリスクが0.2％低下することを示している。リスクに対するバッファーとしての自己資本の充実が銀行リスクを低下させるという仮説と整合的であり、自己資本比率規制の狙いどおりの効果があることを示唆する結果である。この結果は BIS_ratio を用いた(2)列のケースでも定性的に同じ結果であるが、係数の大きさが半分程度になっている。

　他のリスク指標を用いた(3)列から(8)列のいずれのケースにおいても、自己資本比率の変数の係数は負であり統計的に有意である。例えば、(3)列をみると、1％の自己資本比率の上昇に対してファームスペシフィックリスクが0.22％低下することを示唆しており、トータルリスクのケースとほぼ同様であることがわかる。(5)列をみると、マーケットのリスク指標と同様に、収益性の変動で測ったリスクにおいても、(7)列にある倒産リスク指標としての－Zスコア（$NegLogZ$）においても、自己資本比率の増加は、それぞれのリスクを低下させることと整合的な結果となっている。総じて自己資本比率と銀行リスクの関係は規制当局の狙いどおり、負の相関関係にあることが確認できる。

　(1)列の国債保有を示す JGB_at の係数は負で統計的に有意であり、1％の国債保有が高いと、銀行リスクが0.02％低下することを示している。安全資産としての国債保有によるリスク低下の効果が示唆される結果である。一方、(2)列をみると、符号こそ負であるが、統計的には有意でない結果となっている。国債保有は、BIS 規制の自己資本の算出において、リスクウェイトが 0 ％であり、直接的に自己資本比率を増加させる効果を持つことを勘案

表4-2 実証結果：自己資本比率、国債保有、流動性と銀行リスク
パネル A：流動性指標〈預金／資産比率のケース〉

	(1) t_risk_p	(2) t_risk_p	(3) f_risk_p	(4) f_risk_p	(5) std_roa	(6) std_roa	(7) NegLogZ	(8) NegLogZ
CAR	−0.203***		−0.223***		−0.126***		−55.826***	
	(−4.50)		(−4.91)		(−4.04)		(−6.62)	
BIS_ratio		−0.084***		−0.085***		−0.083***		−28.818***
		(−3.90)		(−3.92)		(−3.79)		(−5.89)
JGB_at	−0.020**	−0.011	−0.018**	−0.009	0.000	0.008*	−1.532	1.398
	(−1.99)	(−1.06)	(−2.03)	(−0.99)	(0.05)	(1.69)	(−0.89)	(0.77)
badlt	0.009	0.013	0.011	0.016	0.065***	0.066***	18.178***	18.886***
	(0.39)	(0.55)	(0.45)	(0.62)	(5.21)	(5.33)	(6.42)	(5.93)
ROA	−0.113*	−0.152**	−0.097	−0.146**	−0.100**	−0.104**	−61.860***	−71.732***
	(−1.79)	(−2.43)	(−1.65)	(−2.48)	(−2.28)	(−2.36)	(−4.29)	(−4.87)
deposit_at	−0.003	−0.003	0.000	0.001	0.002	0.000	0.752	0.359
	(−0.23)	(−0.24)	(0.03)	(0.05)	(0.45)	(0.02)	(0.38)	(0.20)
at	−0.000***	−0.000***	−0.000***	−0.000***	−0.000**	−0.000**	−0.000*	−0.000**
	(−2.90)	(−3.82)	(−4.70)	(−6.27)	(−2.13)	(−2.53)	(−1.97)	(−2.50)
Constant	0.034***	0.032***	0.026***	0.023**	0.004	0.008	−2.606	−2.118
	(3.18)	(2.70)	(2.67)	(2.10)	(0.71)	(1.30)	(−1.42)	(−1.25)
年次ダミー	yes	yes	yes	yes	yes	yes	yes	yes
銀行ダミー	yes	yes	yes	yes	yes	yes	yes	yes
観測数	1,187	1,187	1,187	1,187	1,170	1,170	1,162	1,162
決定係数(R^2)	0.569	0.561	0.388	0.369	0.316	0.322	0.456	0.446

クラスターロバストな標準誤差に基づく t 統計量
注：*** $p<0.01$, ** $p<0.05$, * $p<0.1$

すると、BIS_ratio の変数を用いる限り、追加情報はないことを示唆しており、この意味で(1)列の JGB_at の負の効果は BIS 比率の改善を通じたリスクの低下のようにみえる。実際、表4-1からわかるように、JGB_at と CAR の相関は−0.035でほとんど相関がないのに対して、BIS_ratio との相関は0.445であり、高い正の相関関係があることがわかる。ただし、(5)列から(8)列の財務データに基づくリスク指標をみると、(6)列においては係数は正であり、10％程度ではあるが統計的に有意である。つまり、国債保有の増加は ROA の変動要因であることを示唆する結果である。

流動性リスクの代理変数である deposit_at の係数は、いずれの定式化においても統計的に有意ではなく、係数はリスク指標によって負と正の結果が混在している。銀行への預金増加による資金余剰の状況は、米国における負債満期の短期化に伴う流動性リスクの高まりのケースを検証した Khan et al. (2017) とは大きく異なる結果である。日本の銀行の置かれた状況を鑑み、

パネルB：流動性指標〈預貸率のケース〉

	(1) t_risk_p	(2) t_risk_p	(3) f_risk_p	(4) f_risk_p	(5) std_roa	(6) std_roa	(7) NegLogZ	(8) NegLogZ
CAR	-0.207***		-0.227***		-0.132***		-57.209***	
	(-4.55)		(-4.92)		(-4.10)		(-6.90)	
BIS_ratio		-0.083***		-0.085***		-0.084***		-29.009***
		(-4.12)		(-4.10)		(-3.99)		(-5.97)
JGB_at	-0.019*	-0.010	-0.018*	-0.009	0.001	0.009*	-1.412	1.427
	(-1.86)	(-0.98)	(-1.96)	(-0.96)	(0.22)	(1.91)	(-0.84)	(0.78)
badlt	0.010	0.013	0.012	0.016	0.066***	0.067***	18.336***	18.924***
	(0.43)	(0.57)	(0.48)	(0.63)	(5.31)	(5.45)	(6.49)	(6.00)
ROA	-0.108*	-0.151**	-0.094	-0.146**	-0.096**	-0.102**	-60.377***	-71.443***
	(-1.69)	(-2.39)	(-1.56)	(-2.44)	(-2.23)	(-2.36)	(-4.13)	(-4.81)
loans_deposit	0.004	0.002	0.003	0.000	0.004*	0.003	0.824	0.178
	(0.66)	(0.26)	(0.51)	(0.07)	(1.69)	(1.29)	(1.08)	(0.19)
at	-0.000***	-0.000***	-0.000***	-0.000***	-0.000**	-0.000**	-0.000**	-0.000**
	(-3.01)	(-3.91)	(-4.73)	(-6.22)	(-2.17)	(-2.55)	(-2.02)	(-2.59)
Constant	0.028***	0.028***	0.024***	0.024***	0.003	0.006**	-2.514***	-1.922*
	(4.98)	(4.61)	(4.59)	(3.89)	(1.61)	(2.01)	(-2.87)	(-1.72)
年次ダミー	yea	yea	yea	yea	yea	yea	yea	yea
銀行ダミー	yes	yes	yes	yes	yes	yes	yes	yes
観測数	1,187	1,187	1,187	1,187	1,170	1,170	1,162	1,162
決定係数(R^2)	0.570	0.561	0.389	0.369	0.318	0.323	0.456	0.446

クラスターロバストな標準誤差に基づく t 統計量
注：*** $p<0.01$，** $p<0.05$，* $p<0.1$

預貸率である *loans_deposit* を用いた場合の実証結果が表4-2のパネルBである。基本的な結果はパネルAと同様である。ただし、係数の符号はすべての定式化において正であり、(5)列においては10%水準であるが統計的に有意な結果となっている。すなわち、預貸率が高いほど、*ROA* の変動で測った銀行リスクは高いことを示している。

その他、コントロール変数について見てみると、不良債権比率である *badlt* の係数はいずれの定式化においても正であり、(5)列から(8)列の財務データに基づくリスク指標に対しては統計的に有意な結果である。

4.1 非線形の定式化

自己資本比率と流動性リスクの変数について、非線形の可能性を考慮して推計した結果が表4-3である。非線形の定式化の下でも、いずれの列においても、*CAR* の係数は負のまま統計的に有意である。2乗項の係数はプラスであるが統計的に有意ではなかった。ただし、倒産リスク指標の *NegLogZ*

表4-3 実証結果：非線形の定式化

パネル A：流動性指標〈預金／資産比率のケース〉

	(1) t_risk_p	(2) t_risk_p	(3) f_risk_p	(4) f_risk_p	(5) std_roa	(6) std_roa	(7) NegLogZ	(8) NegLogZ
CAR	−0.342***		−0.354***		−0.227**		−165***	
	(−2.79)		(−2.78)		(−2.02)		(−8.94)	
CAR_2	1.506		1.427		1.031		1096***	
	(1.43)		(1.32)		(1.03)		(6.14)	
BIS_ratio		−0.045		−0.036		−0.181*		−84***
		(−0.39)		(−0.31)		(−1.98)		(−4.08)
BIS_ratio_2		−0.165		−0.209		0.426		237***
		(−0.35)		(−0.44)		(1.23)		(2.77)
JGB_at	−0.022**	−0.012	−0.021**	−0.010	−0.000	0.006	−1.978	0.141
	(−2.21)	(−1.22)	(−2.29)	(−1.17)	(−0.06)	(1.12)	(−1.22)	(0.07)
badlt	0.014	0.021	0.018	0.026	0.066***	0.065***	18.071***	18.324***
	(0.64)	(0.88)	(0.70)	(0.95)	(5.36)	(5.40)	(6.60)	(5.71)
ROA	−0.088	−0.137**	−0.072	−0.130**	−0.091*	−0.087**	−60.638***	−64.681***
	(−1.33)	(−2.02)	(−1.14)	(−2.01)	(−1.85)	(−1.74)	(−5.43)	(−4.79)
deposit_at	−0.133***	−0.144***	−0.140***	−0.152***	−0.022	−0.028	−11.982***	−14.244***
	(−3.03)	(−3.84)	(−4.17)	(−4.84)	(−0.98)	(−1.07)	(−2.77)	(−2.16)
deposit_at_2	0.086***	0.094***	0.094***	0.102***	0.016	0.019	8.312**	9.703**
	(2.98)	(3.55)	(3.87)	(4.29)	(1.11)	(1.13)	(2.42)	(2.16)
at	−0.000***	−0.000***	−0.000***	−0.000***	−0.000**	−0.000**	−0.000**	−0.000***
	(−2.82)	(−3.27)	(−4.30)	(−5.02)	(−2.19)	(−2.57)	(−2.08)	(−2.78)
Constant	0.084***	0.081***	0.080***	0.076***	0.015	0.024*	4.733***	6.523***
	(4.67)	(4.82)	(5.95)	(5.71)	(1.33)	(1.76)	(2.79)	(2.54)
年次ダミー	yes	yes	yes	yes	yes	yes	yes	yes
銀行ダミー	yes	yes	yes	yes	yes	yes	yes	yes
観測数	1,187	1,187	1,187	1,187	1,170	1,170	1,162	1,162
決定係数(R^2)	0.577	0.569	0.403	0.384	0.319	0.327	0.477	0.456

クラスターロバストな標準誤差に基づく t 統計量
注：*** $p<0.01$，** $p<0.05$，* $p<0.1$

に対しては、CAR、BIS_Ratio のいずれのケースも 2 乗項の係数はプラスで統計的に有意であった。つまり、自己資本比率の上昇は倒産リスクを低下させるものの、ある水準を超えて自己資本比率が上昇すると、倒産リスクはむしろ増加することを示唆する結果である。このことは、自己資本比率規制に関する理論を踏まえると、規制によって自己資本比率を（いわば強制的に）高める場合には、銀行はポートフォリオをリスクの高いものにシフトさせることが最適となるという理論的示唆と整合的な結果である。具体的に、例えば(7)列に基づき係数の大きさを考えると、約7.5％を $\left(\frac{165}{2\times1096}\right)$ 超えて自己

パネルB：流動性指標〈預貸率のケース〉

	(1) t_risk_p	(2) t_risk_p	(3) f_risk_p	(4) f_risk_p	(5) std_roa	(6) std_roa	(7) NegLogZ	(8) NegLogZ
CAR	−0.352***		−0.363***		−0.244**		−169***	
	(−2.89)		(−2.84)		(−2.18)		(−9.18)	
CAR_2	1.642		1.554		1.085		1121***	
	(1.63)		(1.49)		(1.09)		(6.21)	
BIS_ratio		−0.069		−0.063		−0.183**		−88***
		(−0.60)		(−0.55)		(−2.01)		(−4.16)
BIS_ratio_2		−0.052		−0.083		0.428		252***
		(−0.11)		(−0.18)		(1.23)		(2.91)
JGB_at	−0.021**	−0.013	−0.021**	−0.012	0.001	0.007	−1.776	−0.115
	(−2.22)	(−1.35)	(−2.32)	(−1.34)	(0.28)	(1.34)	(−1.11)	(−0.06)
badlt	0.011	0.017	0.014	0.020	0.065***	0.064***	17.792***	17.845***
	(0.51)	(0.70)	(0.56)	(0.77)	(5.19)	(5.28)	(6.55)	(5.51)
ROA	−0.103	−0.151**	−0.089	−0.146**	−0.088*	−0.089*	−60.696***	−66.421***
	(−1.51)	(−2.21)	(−1.41)	(−2.27)	(−1.84)	(−1.83)	(−5.52)	(−5.09)
loans_deposit	−0.035***	−0.046***	−0.037***	−0.049***	0.012	0.004	−1.525	−5.318
	(−2.82)	(−3.62)	(−3.11)	(−4.04)	(1.45)	(0.41)	(−0.60)	(−1.66)
loans_deposit_2	0.020***	0.024***	0.020***	0.025***	−0.004	−0.000	1.334	2.683**
	(3.87)	(4.88)	(4.48)	(5.62)	(−1.03)	(−0.09)	(1.38)	(2.17)
at	−0.000***	−0.000***	−0.000***	−0.000***	−0.000**	−0.000***	−0.000**	−0.000***
	(−2.86)	(−3.34)	(−4.40)	(−5.09)	(−2.20)	(−2.63)	(−1.99)	(−2.64)
Constant	0.050***	0.050***	0.046***	0.045***	0.002	0.011	1.140	4.200*
	(6.51)	(4.59)	(6.19)	(4.11)	(0.35)	(1.35)	(0.73)	(1.71)
年次ダミー	yes	yes	yes	yes	yes	yes	yes	yes
銀行ダミー	yes	yes	yes	yes	yes	yes	yes	yes
観測数	1,187	1,187	1,187	1,187	1,170	1,170	1,162	1,162
決定係数(R^2)	0.576	0.567	0.398	0.380	0.322	0.327	0.477	0.456

クラスターロバストな標準誤差に基づく t 統計量
注：*** $p<0.01$，** $p<0.05$，* $p<0.1$

資本比率が高まると、自己資本の増加に対して銀行リスクが高まることを含意している。CARのデータの平均値が4.9％であることから、相対的に自己資本比率の高い銀行のほうが、倒産リスクが高いことを示唆している。

　流動性リスクを表すdeposit_atの係数は、非線形の定式化の場合には、興味深いことにdepsoit_at、deposit_at_2のいずれの係数も、多くの定式化において統計的に有意となり、前者は負、後者は正の符号となることがわかる。つまり、預金比率の上昇は一定水準までは銀行リスクを低下させる一方で、その一定水準以上に預金比率が上昇する場合には、銀行リスクが増加することを含意している。特に後者の結果は、流動性リスクの低下は銀行リスクを増加させるというリスクシフトの議論と整合的な結果である。米国のケース

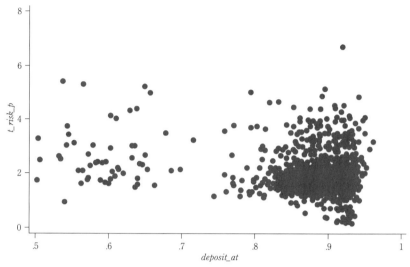

図4-6 銀行リスク（*t_risk_p*）と預金比率（*deposit_at*）の散布図

とは置かれた状況が異なるとはいえ、定性的に同じ結果が見受けられるのは重要と思われる。具体的に(1)列に基づき係数の大きさを踏まえると、87.5％の預金比率を超えると、銀行リスクはむしろ高まることを示唆する結果である。86.7％が平均の預貸率であるから、多くの銀行においてリスクシフトと整合的な結果となっている。図4-6はトータルリスクの*t_risk_p*と預金比率の*deposit_at*の散布図である。確かに預貸率が高い銀行は銀行リスクが相対的に高いようにみえる。

4.2 頑健性のテスト

以下では、分析の拡張としていくつかの頑健性テストを行う。表4-4は、世界金融危機の影響をみるために、世界金融危機の時期として、リーマンショックがあった2008年度と、日本の製造業に影響を与えた時期の2009年度の2年間を1とするダミー変数*GFC_crisis*と、銀行の*Funding*の変数（ここでは*deposit_at*）の交差項を加えた結果である。(1)列の第2行目からわかるように、係数は負で統計的に有意であることから、預金比率が高いほど、世界金融危機時には銀行リスクが低いことがわかる。危機時における余剰資金

表4-4 世界金融危機と流動性と銀行リスク

	(1) t_risk_p	(2) f_risk_p	(3) std_roa	(4) NegLogZ
CAR	−0.197 ***	−0.220 ***	−0.127 ***	−55.937 ***
	(−4.42)	(−4.86)	(−4.06)	(−6.62)
GFC_crisis×deposit_at	−0.017 ***	−0.008	0.002	0.313
	(−2.74)	(−1.46)	(1.03)	(0.60)
JGB_at	−0.020 **	−0.019 **	0.000	−1.527
	(−1.99)	(−2.04)	(0.06)	(−0.89)
badlt	0.014	0.014	0.065 ***	18.079 ***
	(0.62)	(0.56)	(5.20)	(6.41)
ROA	−0.102	−0.092	−0.101 **	−62.145 ***
	(−1.55)	(−1.49)	(−2.31)	(−4.32)
deposit_at	0.005	0.004	0.001	0.604
	(0.48)	(0.41)	(0.26)	(0.30)
at	−0.000 ***	−0.000 ***	−0.000 **	−0.000 *
	(−3.51)	(−5.13)	(−2.06)	(−1.94)
Constant	0.027 ***	0.023 **	0.005	−2.470
	(2.65)	(2.33)	(0.83)	(−1.29)
年次ダミー	yes	yes	yes	yes
銀行ダミー	yes	yes	yes	yes
観測数	1,187	1,187	1,170	1,162
決定係数(R^2)	0.578	0.392	0.316	0.456

クラスターロバストな標準誤差に基づく t 統計量
注：*** $p<0.01$，** $p<0.05$，* $p<0.1$

は流動性の観点からはリスク低下要因であることを示唆している。ただし、他のリスク指標を用いた場合には統計的に有意ではなかった。株式市場での銀行リスクの評価としての結果であり、収益性や倒産リスクという観点からは、今回の世界金融危機の日本の銀行への影響はなかったと解釈できる。

表4-5は、流動性リスクと自己資本比率の影響の関係をみるために、deposit_at と CAR の交差項 deposit_at×CAR を加えた結果を示している。(1)列から(3)列のいずれのケースも統計的に有意ではなかった。しかし、(4)列は負で統計的に有意であった。CAR の平均値0.049（4.9%）で評価すると、deposit_at に対するリスクの係数（−160×0.049＋9.455）は正となり、預金比率の追加的な上昇は自己資本比率が平均値の銀行においては、倒産リスク指標の銀行リスクを増加させる要因となる。自己資本比率が十分に高い銀行においては、預金比率の上昇は倒産リスクを低下させる要因であり、逆に自己

表4-5 流動性と自己資本と銀行リスク

	(1) t_risk_p	(2) f_risk_p	(3) std_roa	(4) NegLogZ
CAR	−0.107	−0.136	−0.077	78 ***
	(−0.47)	(−0.60)	(−0.68)	(3.46)
deposit_at×CAR	−0.115	−0.105	−0.059	−160 ***
	(−0.41)	(−0.37)	(−0.46)	(−6.34)
JGB_at	−0.020 **	−0.018 **	0.000	−1.391
	(−1.99)	(−2.04)	(0.06)	(−0.87)
badlt	0.009	0.012	0.066 ***	18.928 ***
	(0.41)	(0.47)	(5.24)	(6.88)
ROA	−0.113 *	−0.098	−0.100 **	−66.729 ***
	(−1.78)	(−1.64)	(−2.29)	(−5.34)
deposit_at	0.003	0.006	0.005	9.455 ***
	(0.20)	(0.33)	(0.62)	(3.51)
at	−0.000 ***	−0.000 ***	−0.000 **	−0.000 **
	(−2.90)	(−4.63)	(−2.14)	(−2.24)
Constant	0.029 *	0.022	0.001	−9.945 ***
	(1.91)	(1.41)	(0.15)	(−4.04)
年次ダミー	yes	yes	yes	yes
銀行ダミー	yes	yes	yes	yes
観測数	1,187	1,187	1,170	1,162
決定係数(R^2)	0.570	0.389	0.316	0.471

クラスターロバストな標準誤差に基づく t 統計量
注:*** $p<0.01$, ** $p<0.05$, * $p<0.1$

資本比率が低い銀行においては、預金比率の上昇は倒産リスクの増加要因となっていることを示唆している。

5. 今後の分析課題

本項では、本章の分析で取り扱えなかった重要と思われる研究テーマについて、今後の分析課題として、筆者なりにまとめることとしたい。

5.1 流動性創出の指標に基づく検証

本章では、流動性リスクについて、預金比率や預貸率を用いて検証を行ってきた。しかしながら、流動性の創出は銀行の基本的な経済的機能であり、本来の銀行の流動性供給の観点を踏まえながら銀行リスクについて検証を行

うことも重要である。その意味で、銀行の流動性創出の程度を測定しながら、流動性リスクを評価する視点が重要となる。この点に関して具体的には、Berger and Bouwman（2016）らの流動性指標を日本の銀行に対して構築することがひとつの方向性に思われる。実際、Khan *et al.*（2017）においては、Berger and Bouwman（2016）の考え方に沿った流動性指標を計算している。もっとも、Khan *et al.*（2017）では、その流動性指標自体をリスク指標とみなしている。しかしながら、流動性創出の程度と流動性リスクのバランスをどう図るかといった観点からの分析が必要であると思われる。

5.2 地域特性を踏まえた検証

地域経済環境の変化、少子高齢化、人口減少など今後の日本経済が迎える状況を踏まえながら、保険の銀行窓販の拡大による手数料ビジネスの拡大など、伝統的な銀行のビジネスモデルからの脱却の道を模索することが必要かもしれない。森（2014）は、こうした問題に対してコーポレート・ガバナンスの観点を踏まえながら多角的に分析している。堀江（2015）でも地域金融機関の再編まで視野に入れながら包括的に分析している。奥山ほか（2013）では、2005年から2011年の地方銀行による保険窓販の販売実績の決定要因を分析し、預貸ビジネスの比重が高い銀行ほど保険窓販の実績が高いことを実証的に示している。銀行のビジネスの多角化、銀行再編などの効果についての検証は引き続き重要な研究テーマと思われる。

5.3 キャッシュフロー計算書の情報有用性の検証

自己資本比率がバーゼル規制の8％を大きく上回っていても破綻リスクが世界金融危機時に顕在化した。実際、バーゼルⅢでは、世界金融危機において、流動性リスクが顕在化した問題の反省から、流動性カバレッジ比率や安定調達比率が導入されている。流動性の問題においては、キャッシュフローベースの議論が重要となる。キャッシュフロー情報に関してはキャッシュフロー計算書がその情報源として重要に思われるが、一般的には、キャッシュフロー計算書は重要ではないとの認識が多い。しかしながら、日本の銀行業では2000年以降、他の財務諸表と同じく開示が義務付けられており、キャッシュフロー計算書の情報有用性については検討課題になると思われる。この

点に関して Higgins, et al.（2018）は、日本の銀行を対象にキャッシュフロー計算書の情報有用性を検証し、リスクシフトの観点からキャッシュフロー情報の有用性を分析しており、こうした検証は引き続き重要であると思われる。

5.4 金融政策の影響を踏まえた検証

2000年代における日本の金融政策は、ゼロ金利政策や量的緩和政策など、銀行のビジネスモデルに影響を直接的に与える重要な要因である。一方、世界的に見ても、世界金融危機を契機に銀行のリスクアペタイトに直接的に金融政策が影響する新しいリスクテイクチャネルの存在が注目されている。このリスクテイクチャネルを実証的に明らかにしようとした論文には、Paligorova and Santos（2017）、Jiménez et al.（2014）、Ioannidou et al.（2015）、などがある。例えば、Paligorova and Santos（2017）では、米国の過去20年にわたる企業・銀行間の貸出スプレッドの決定要因の検証を通じて米国の金融緩和政策（低金利政策）を通じたリスクテイクチャネルが存在することを実証的に明らかにしている。

日本における金融政策と銀行行動に関する研究として、塩路（2015）は日本の銀行を対象に超過準備を抱えていた銀行ほど貸出を増加させることを実証的に示している。ただし、超過準備に対する貸出の反応は銀行の不良債権比率や業態によって差があることも示している。日本におけるリスクテイクチャネルと併せて、金融政策の銀行行動へ与える影響の検証は重要なテーマであると思われる。

6．おわりに

本章では、2000年代の資金余剰の状況下における日本の銀行リスクの決定要因について検証を行ってきた。本章の結果を改めてまとめると以下のとおりである。

第一に、自己資本比率と銀行リスクには負の相関関係があり、自己資本比率規制の狙いどおり、自己資本の増加は銀行リスクを低下させることを示唆する結果であった。

第二に、銀行の国債保有残高と銀行リスクには負の相関関係があり、銀行の安全資産の増加、より具体的にはリスクウェイト低下の効果がリスクの抑制要因であることを示唆する結果であった。

　第三に、預金比率、あるいは預貸率で測った流動性指標と銀行リスクの間は非線形の関係にあり、特に流動性が非常に高い銀行では、米国と同様にリスクシフトを示唆する結果であった。

　以上の分析より、資金余剰下にあるといっても、銀行のリスクテイクの決定要因としての流動性の確保は銀行のビジネスモデルからもある意味自明な重要なポイントであり、バーゼルⅢでの流動性に対する規制が別途必要となる点についても、日本の文脈における流動性の状況を勘案する必要があるといえよう。

　ところで、本章では、いわゆるアベノミクス以前のサンプル期間を対象に検証している点には留意が必要である。アベノミクスによる大胆な金融緩和の影響は別途検証すべきテーマであるのは言を俟たない。実際、前節で触れた金融政策の議論での新しいリスクテイクチャネルの存在は理論的・実証的に分析が進められている。日本におけるリスクテイクチャネルの検証は、長引く低金利の状況であることから格好の testing ground しての魅力もあり、早急に検証すべき重要な課題であると思われる。これらの点は筆者の今後の課題としたい。

参考文献

奥山英司・小西大・安田行宏（2013）「銀行による保険窓販実績の決定要因に関する分析」一橋大学ファイナンスセンターワーキングペーパー G-2-2
塩路悦朗（2015）「ゼロ金利下における日本の信用創造」『現代経済学の潮流2016』所収
堀江康熙（2015）『日本の地域金融機関経営』勁草書房
森祐司（2014）『地域銀行の経営行動』早稲田大学出版部

Acharya, V. and Naqvi, H.（2012）"The seeds of a crisis: a theory of bank liquidity and risk taking over the business cycle," *Journal of Financial Economics*, 106, 349-366.

Berger, A. N. and Bouwman, C. H. S. (2016) *Bank liquidity creation and financial crises*, Academic Press.

DeYoung, R. and Jang, K. Y. (2016) "Do banks actively manage their liquidity?" *Journal of Banking and Finance*, 66, 143-161.

Higgins, H., Lord, Y., and Yasuda, Y. (2018) "Do banks' cash flows have risk information?" 未定稿

Hong, H. and Huang, J.-Z., Wu, D. (2014) "The information content of Basel III liquidity risk measures," *Journal of Financial Stability*, 15, 91-111.

Hyun, J-S. and Rhee, B-K. (2011) "Back capital regulation and credit supply," *Journal of Banking and Finance*, 35, 323-330.

Ioannidou, V., Ongena, S. and Peydró J-L. (2015) "Monetary policy, risk-taking, and pricing: Evidence from a Quasi-natural experiment," *Review of Finance*, 19, 95-144.

Jiménez, G., Ongena, S., Peydró, J-L. and Saurina, J. (2014) "Hazardous times for monetary policy: What do twenty-three million bank loans say about the effects of monetary policy on credit risk-taking?" *Econometrica*, 82, 463-505.

Khan, M. S., Scheule, H. and Wu, E. (2017) "Funding liquidity and bank risk taking," *Journal of banking and finance*, 82, 203-216.

King, M. R. (2013) "The Basel III net stable funding ratio and bank net interest margins," *Journal of Banking and Finance*, 37, 4144-4156.

Konishi, M. and Yasuda, Y. (2004) "Factors affecting bank risk taking: Evidence from Japan," *Journal of Banking and Finance*, 28, 215-232.

Mehran, H. and Thakor, A. (2011) "Bank capital and value in the cross-section," *Review of Financial Studies*, 24, 1019-1067.

Paligorova, T. and Santos, J. A. C. (2017) "Monetary policy and bank risk-taking: Evidence from the corporate loan market," *Journal of Financial Intermediation*. 30, 35-49.

Shimizu, K. (2015) "Adjusting denominators of capital ratios: Evidence from Japanese banks," *Journal of Financial Stability*, 19, 60-68.

第 5 章

邦銀による超過準備預金保有はなぜ起こったのか？

邦銀財務パネルデータを用いた分析

埼玉大学大学院人文社会科学研究科・経済学部　長田　健

はじめに

　金融市場における規制・制度の役割、そしてそれらの経済への影響を考える上で、日本経済におけるインターバンク市場は興味深い分析対象である。今世紀の日本におけるインターバンク市場ほど政策に翻弄され続ける市場はないだろう。「非伝統的金融政策」と総称される一連の金融緩和政策を受けて、コール市場の価格である無担保コール翌日物金利は長期間にわたり０％台（2016年以降は負値）を記録し、量的緩和政策期には市場に大量の資金が供給された。それらの結果としてそれまで金融論の教科書が想定してこなかった現象が観察されてきた。

　その現象のひとつが銀行による「超過準備預金保有行動」である。図5-1・表5-1は邦銀の「超過準備預金比率」の推移を表している。1990年代まで（厳密には1999年のゼロ金利政策以前まで）はこの値はほぼ０％であった。標準的な金融論の教科書では、準備預金は付利されないため、利潤最大化を目的とする銀行はその保有額を最小限に留め、法定準備額を上回る準備預金（超過準備）は保有しないと考えられてきており、まさに教科書どおりの現象

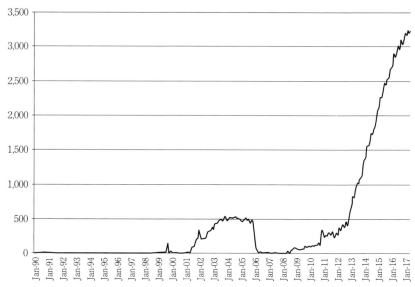

図5-1 超過準備預金比率（％：月次）

表5-1 超過準備預金比率（％：年平均）

1990年	1991年	1992年	1993年	1994年	1995年	1996年	1997年	1998年	1999年
0	1	0	0	0	0	0	1	2	18
2000年	2001年	2002年	2003年	2004年	2005年	2006年	2007年	2008年	2009年
10	44	249	423	511	485	141	7	10	63
2010年	2011年	2012年	2013年	2014年	2015年	2016年			
101	244	321	763	1,486	2,214	2,817			

注1：図5-1・表5-1ともに超過準備預金比率は下式で算出。
　　　超過準備預金比率（％）＝超過準備預金額÷法定準備預金額
　　　　　　　　　　　　　＝（準備預金額－法定準備預金額）÷法定準備預金額
注2：準備預金額、法定準備預金額ともに平均残高。日本銀行時系列統計データ検索サイトより取得。

が観察される。しかし、今世紀に入りこの値は大幅に上昇する。量的緩和政策（2001年3月〜2006年3月）期に500％（法定準備額の6倍の準備預金保有）に達して以降、0％から乖離し、足元（2017年8月）では3000％を超えている。標準的な金融論では想定してこなかった現象である。

この現象は実体経済への負の影響という観点でも注目され、研究者のみならず新聞等でも世間の注目を集める（池尾、2013；山口、2010）。超過準備の

蓄積は、金融緩和政策に伴う資金が銀行部門に滞留し、銀行のリスクテイク（貸出行動など）に結びついていない証左として捉えられ、実体経済に対する金融緩和政策の波及を阻害している現象と考えられている。15年以上にも及ぶ非伝統的金融政策の中で、日銀から供給された潤沢な資金は「超過準備」として銀行部門に滞留しており、現在その額は法定準備の3000％を超えた。「なぜこのマネーが経済に流れず銀行に滞留するのか」という問いに対して明確に答える研究は未だない。銀行を通じた金融政策の波及経路を明らかにするという観点からも分析する価値のある現象である。

確かに超過準備の蓄積は、供給サイド（金融政策）によるところが大きい。しかし、この時期の邦銀の超過準備保有行動には銀行間で「差異」があることがわかっている（長田、2014など）。つまり、「需要サイド」にも要因がある可能性があり、何が銀行間の需要の差異をもたらし、需要サイドが経済全体の超過準備の蓄積にどの程度影響を与えたかを明らかにする必要があるだろう。

では、金利収入を生まない超過準備預金を銀行はなぜ需要するのだろうか。Mishkin（2015）、白川（2008）によれば銀行による超過準備預金保有行動に影響を与える要因は2つ挙げられる。1つ目が機会費用である。超過準備預金は無利子資産であるため保有は機会費用を伴う。Mishkin（2015）はその機会費用は超過準備預金を貸出に回せば得られたであろう金利収入であり、FFレート（日本の場合、無担保コール翌日物金利）に等しいと述べている。この機会費用（金利）が低くなると超過準備預金保有増加につながる。

そして2つ目が「予備的動機」である。銀行が資金不足（預金の引出など）に直面しても市場での資金調達に100％確信を持てるのであれば、不足金額だけ当日のオーバーナイト資金市場で資金調達することが考えられるが、その確信が低い銀行ほど超過準備預金を保有すると考えられる。1990年代から2002年度までの邦銀の超過準備預金需要を分析した小川（2004）、Ogawa（2007）は、健全性が低い銀行ほどこの確信が低いと考え、不良債権比率の上昇・株価変化率の低下によって超過準備預金需要の増加が説明できるかどうかを検証した。その結果、不良債権比率が高い銀行ほど超過準備預金需要が高かったことを示し、健全性の低下が超過準備預金保有行動を促進した可能性を指摘している。一方、2001年度までの邦銀の準備預金の変動を分析し

たShioji（2003）は健全性指標（自己資本−貸出金比率、不良債権比率、不振産業向け貸出比率[1]）によって準備預金の変動を有意に説明できないとしている。

2008年の世界金融危機以前は、銀行による超過準備保有行動は日本特有の現象であり、これを分析する研究は限定的であった。しかし、世界金融危機以降、米国のQEに代表される非伝統的金融政策が各国で導入される中で、銀行による超過準備預金保有行動が各国で観察され、研究が世界中で盛んに行われるようになった。研究の蓄積は理論・実証両面で進んでいる。例えば、Güntner（2015）はリアル・ビジネス・サイクル・モデルを用いて、一般均衡で超過準備が発生するメカニズムを理論的に示し、Chang et al.（2014）は2008〜2010年の米国の四半期データを用いて実証分析を行い、予備的動機などが銀行による超過準備保有行動に影響を与えていたことを明らかにしている。

Chang et al.（2014）をはじめとする米国データを用いた実証研究の多くは、予備的動機を原因とする結果を得ている。これは、邦銀の1991-2002年度のデータを用いた実証分析であるOgawa（2007）の見解と共通する。確かに、金融危機下にあった2000年代後半の米銀や、1990年代末の邦銀が、流動性枯渇などに備えて超過準備を保有したという結果は現実と整合的であろう。しかし、邦銀の20年近くにわたる超過準備保有行動は予備的動機のみで説明できるとは考え難い。金融危機下でない時期でさえ、邦銀は超過準備を保有し続けており、多角的な検証が必要と考える。

検証すべき他の要因として自己資本比率規制、公的資金注入政策が挙げられる。超過準備預金保有行動はその他の資産保有行動（貸出など）と表裏一体の関係である。2000年代の邦銀や2000年代後半の欧米銀行のリスクテイク行動（貸出行動等）に関する多くの実証研究によると、自己資本比率規制や公的資金注入政策などの銀行行政が影響を与えていたことが明らかになっている。例えば、自己資本比率規制が制約となるリスクテイク行動の抑制（キャピタル・クランチ）はよく知られた現象であり、その結果として超過準備預金が蓄積された可能性はある。

---

1) Shioji（2003）の用いた不振産業向け貸出比率（the share of three troubled industries in total lending）とは貸出金合計に占める建設（Construction）・不動産（Real estate）・流通（Distribution）の3産業向け貸出の割合。

以上より、本章では邦銀による超過準備預金保有行動の原因について5つの要因に注目しながら検証を進める。1つ目が機会費用、2つ目が予備的動機、3つ目が自己資本比率規制、4つ目が公的資金注入政策、5つ目が金融政策の枠組みの変化である。分析には2000年3月期から2011年3月期までの邦銀財務パネルデータを用いた。

　本稿の実証結果より邦銀の超過準備預金需要に対して、機会費用（無担保コール翌日物金利－補完当座預金制度の付利率）、予備的動機（不良債権比率）が影響を与えたことがわかった。金融政策の枠組みに関しては、量的緩和政策は非常に大きな影響を与えたことがわかった。当該政策期は銀行の需要サイドの影響もあったが、供給サイドの影響の大きさはそれをはるかに上回る影響だった。一方、それ以外の期間（補完当座預金制度期を含む）は、銀行の需要サイドの影響が大きく、政策の枠組みの影響に関しては有意な結果を得られなかった。同じく、銀行需要に対して影響を与えると考えられた自己資本比率規制、公的資金注入政策の影響も有意な実証結果は得られなかった。

　以上より、邦銀による超過準備預金保有行動は、政策の枠組みの変化の影響のみならず銀行の需要側（財務的要因）の影響も受けていたことがわかった。量的緩和政策期には両者が影響を与えたが、主たる要因は政策にあったと考えられる。一方、それ以外の時期では、銀行側の財務的要因（不良債権比率）が影響を与えたと考えられる。

　本稿の構成は以下のとおりである。まず第1節にて日本の準備預金制度について説明をし、それを踏まえ2000年3月期から2011年3月期までの邦銀各行の超過準備預金比率を算出し、その推移を概観する。第2節では理論的考察を行い、それに基づき第3節で推定式を導き、用いるデータについて説明する。第4節にて推定を行い、実証結果を分析する。第5節は本稿の結論である。

1．準備預金制度と超過準備預金比率の推移[2]

本章では日本の準備預金制度について説明をし、それを踏まえ年度末財務

2）本章は白川（2008）および日本銀行金融研究所編（2004）第3章に基づく。

データから銀行ごとの超過準備預金比率を算出し概観する。算出期間は1992年3月期から2011年3月期までの20年間である[3]。

まず準備預金制度を図5-2の概念図を用いて説明する。ある銀行の3月1日（月初）から3月31日（月末）の準備預金制度対象債務の日々の残高の推移を①で表す。この平均値（②）に法定準備率を掛けて得られる値が法定準備預金（③）である。一方、この銀行の3月16日（当該月16日）から4月15日（翌月15日）までの準備預金の日々の残高を④で表し、その平均値を⑤とする。準備預金制度の下で課される義務は⑤≧③である。つまり、前月の準備預金制度対象債務の平均残高に対し法定準備率を掛けた水準以上の日銀当座預金残高を、当月の16日から翌月の15日までの間（積み期間）に平均的に積み立てることが求められる。よって、日々の準備預金残高は法定準備預金額を下回ることもある（常に④≧③である必要はない）。

法定準備預金（③）を平均値（②）から算出する際に、日本では超過累進制を1986年7月より採用している。超過累進制とは預金残高を金額により区分し、高い区分に属する預金残高ほど準備率が高くなるという制度である。残高区分とそれぞれの準備率は表5-2のとおりである。

例を用いて超過累進制を説明する。ある銀行の2017年3月における毎日の預金残高が総額3兆円の定期性預金のみであった場合、法定準備預金額は以下の計算の結果、182億7500万円となる。

182億7500万円＝（3兆円－2兆5000億円）×1.2％
　　　　　　　＋1兆3000億円（：2兆5000億円－1兆2000億円）×0.9％
　　　　　　　＋7000億円（：1兆2000億円－5000億円）×0.05％
　　　　　　　＋4500億円（：5000億円－500億円）×0.05％

この場合、当該銀行は、2017年3月16日から4月15日までの積み期間における日銀当座預金残高の平均値がこの値を上回る必要がある。

3）法定準備率は1991年10月16日実施分から変更されたため、データの連続性を担保できる1992年3月期以降のデータを使用する。また、筆者が所有するデータベース（NEEDS日経財務データDVD版）で得られる期間の制約から2011年3月期までのデータを使用する。

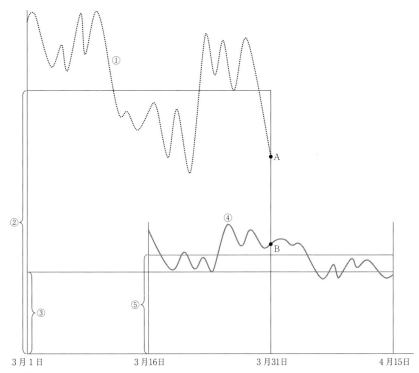

注：① 準備預金制度対象債務の日々の残高の推移
② ①の平均値
③ 法定準備預金＝②×法定準備率
④ 準備預金の日々の残高
⑤ ④の平均値
⑤≧③ 準備預金制度

図5-2 日本の準備預金制度（概念図）

表5-2 残高区分と法定準備率（1991年10月16日以降）

残高区分	定期性預金 (譲渡性預金を含む)	その他預金	債券
2兆5,000億円超	1.2%	1.3%	0.1%
1兆2,000億円超 2兆5,000億円以下	0.9%		
5,000億円超 1兆2,000億円以下	0.05%	0.8%	
500億円超 5,000億円以下		0.1%	

第5章 邦銀による超過準備預金保有はなぜ起こったのか？——邦銀財務パネルデータを用いた分析 93

超過準備預金比率の算出

　以上をもとに筆者が所有する邦銀財務データから各年の個別行の超過準備預金比率を計算する。まず、各年度末の貸借対照表より、表5-2に示した3つの準備預金制度対象債務（定期性預金、その他預金、債券）それぞれの合計額を算出する[4]。次に、表5-2の法定準備率を用いて超過累進制に基づき定期性預金・その他の預金・債券それぞれの法定準備預金額を算出し、それらを合計し法定準備預金総額を求める。この総額を貸借対照表の「日銀への預け金」から引いた額を超過準備預金額とし、それを法定準備預金総額で除することで超過準備比率が求められる。

　このようにして求められる値は正確な超過準備預金額ではないことに注意が必要である。準備預金制度の概略からも明らかなように、年度末一時点を切り取った貸借対照表から得られるデータは図5-2の点Aと点Bの値のみであり、正確な法定準備預金額・超過準備預金額は算出できないからである。

　算出した超過準備預金比率の記述統計量を表5-3に示した。この表でまず注目すべきは、1999年3月末以降はそれ以前に比べ平均値および中央値（50パーセンタイル）が大きくなっている点である。この傾向は図5-1で示したマクロデータに基づく超過準備預金比率の変動と共通する。

　この超過準備預金比率の上昇のうち、1999年3月から2006年3月までの7年間は金融政策が影響していると考えられる。まず図5-3・表5-4に示すように、ゼロ金利政策期（1999年2月～2000年8月）と量的緩和政策期（2001年3月～2006年3月）には無担保コール翌日物金利は実質ゼロになり、準備預金保有の機会費用が低下したことがこの期間における超過準備預金増加の原因のひとつであろう。この点は先行研究（Shioji, 2003; 小川, 2004; Ogawa, 2007）も指摘するとおりである。これに加え、量的緩和政策期にはコール市場の縮小（取引量の減少）も準備預金増加の原因のひとつと考えられる。コールレートが実質ゼロ％になったため、コール市場での短期資金の運用のコストが賄えず、銀行が短期余剰資金の運用を手控えたことが超過準備預金増加の原因であったと考えられる。

　2009年3月以降の上昇もまた金融政策が影響していると考えられる。2008

4）定期性預金は定期預金と定期積立の合計、その他の預金は当座預金、普通預金、貯蓄預金、通知預金の合計である。

表5-3 超過準備預金比率の記述統計量

年月	銀行数	平均	標準偏差	最小	パーセンタイル					最大
					10	25	50	75	90	
1992年3月	140	93.46	294.00	−95.29	−67.43	−32.17	−2.44	76.32	237.06	1,652.65
1993年3月	139	90.37	272.20	−96.26	−55.97	−30.26	−1.99	47.52	354.35	1,428.35
1994年3月	139	86.44	270.33	−92.40	−61.37	−33.09	−4.78	43.28	426.50	1,507.00
1995年3月	139	33.94	158.20	−89.77	−57.44	−33.09	−9.79	24.02	174.13	1,286.24
1996年3月	138	94.70	455.17	−89.79	−50.35	−33.19	−0.67	41.19	201.56	4,081.34
1997年3月	136	155.31	610.22	−90.74	−59.66	−23.94	2.95	50.40	457.49	5,882.52
1998年3月	133	191.74	796.34	−79.30	−43.26	−22.00	3.35	51.02	358.56	9,263.18
1999年3月	131	516.35	2,597.68	−95.18	−48.15	−14.23	17.88	147.99	611.88	26,934.04
2000年3月	129	1,449.48	3,748.54	−98.82	−35.20	36.98	327.95	1,345.65	3,801.82	36,318.55
2001年3月	129	816.09	2,112.30	−74.81	−39.84	−13.86	23.43	478.68	2,915.04	15,567.05
2002年3月	123	2,944.10	4,000.60	−78.57	11.45	239.59	1,008.11	3,528.61	9,787.52	16,747.02
2003年3月	122	3,237.73	4,838.85	−92.52	68.10	244.40	1,011.28	3,576.12	10,946.28	22,941.05
2004年3月	117	2,657.41	4,541.30	−69.43	12.59	155.31	876.91	3,048.93	8,018.53	33,224.51
2005年3月	116	2,458.87	3,934.46	−66.68	18.23	164.44	687.58	2,741.25	9,088.45	24,418.58
2006年3月	115	1,842.29	3,166.21	−43.81	−0.30	80.63	412.72	1,913.63	6,188.37	21,194.38
2007年3月	117	1,446.54	3,165.41	−87.86	−34.48	5.53	134.99	713.37	5,936.47	14,282.87
2008年3月	118	1,371.45	3,850.31	−83.26	−48.71	−11.12	42.01	473.66	3,636.42	25,895.51
2009年3月	113	1,539.57	3,526.38	−79.37	−4.02	33.70	239.97	1,113.11	4,379.18	26,027.22
2010年3月	113	1,194.02	2,749.76	−51.95	−10.98	16.26	186.98	736.83	3,123.65	15,229.08
2011年3月	112	1,563.43	2,707.86	−48.00	−1.63	119.69	403.07	1,690.23	4,538.83	13,746.74

年11月より実施された補完当座預金制度とその後の2008年12月より開始された金融緩和政策による機会費用の低下である。日本の補完当座預金制度とは超過準備預金に金利を付与する制度である[5]。導入当初付与された金利は「政策金利（0.3％）から日本銀行が定める数値（スプレッド：0.2％）を引いた値（0.1％）」であったが、12月実施の金融緩和政策によって2008年12月以降はスプレッドが0％に設定された結果、誘導目標として定める無担保コール翌日物金利と同じ0.1％となった。スプレッドの低下は、超過準備保有に伴う機会費用の低下を意味するので超過準備預金増加をもたらしたと考えられる。

5）補完当座預金制度は2008年10月31日に決定され、11月の準備預金積み期（11月16日〜12月15日）より実施された。2008年12月以降、付利率は0.1％であったが、2016年から導入されたマイナス金利政策によって、日銀当座預金残高は3つの階層（基礎残高・マクロ加算残高・政策金利残高）に分割され、それぞれの階層に応じて異なる付利率が適用されている。なお、米国でも2008年10月9日（公表は10月6日）より準備預金への付利を開始したが、付利の対象は「法定準備預金＋超過準備預金」であった。なお、米国の準備預金制度の変遷はFeinman（1993）が詳しい。

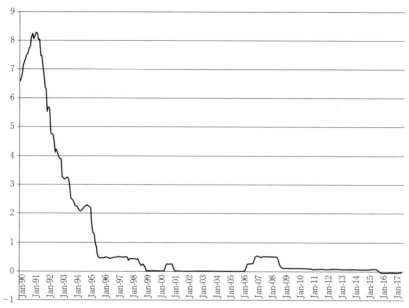

図5-3　無担保コール翌日物金利（％：月平均）

表5-4　無担保コール翌日物金利（％：年平均）

1990年	1991年	1992年	1993年	1994年	1995年	1996年	1997年	1998年	1999年
7.40	7.53	4.66	3.06	2.20	1.21	0.47	0.48	0.37	0.06
2000年	2001年	2002年	2003年	2004年	2005年	2006年	2007年	2008年	2009年
0.11	0.06	0.00	0.00	0.00	0.00	0.12	0.47	0.46	0.11
2010年	2011年	2012年	2013年	2014年	2015年	2016年			
0.09	0.08	0.08	0.08	0.07	0.07	−0.03			

出所：日本銀行時系列統計データ検索サイトより取得

　興味深いのは両期間に挟まれた2007年3月と2008年3月である。図5-3より無担保コール翌日物金利の水準は1996～98年の3月期と同水準であるにもかかわらず、平均値・中央値の水準はそれらの時期を大幅に上回る。超過準備預金保有行動が機会費用（金利）以外の要因によって引き起こされた可能性を示唆している。

　表5-3から読み取れるもうひとつの特徴は、1999年3月末以降は標準偏差が大きくなっている点である。つまり、超過準備預金保有行動の銀行間の差

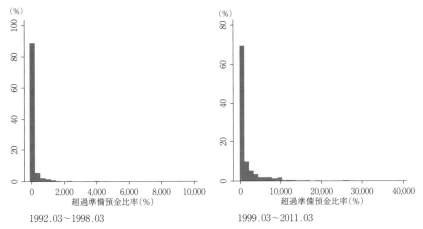

図5-4 超過準備預金比率の分布（ヒストグラム）

異は、1999年3月以降のほうが大きかったことがわかる。両期間の分布を比較してみても（図5-4）、1998年3月以前は約90％の銀行の超過準備預金比率が0％付近に集中している一方で、1999年3月以降の分布は左（0％付近）への偏りが緩和し、裾が右に大きく伸びている。金融緩和に伴う低金利下の環境下において、すべての銀行が超過準備預金比率を高めたのではなく、銀行行動には差異が存在したのである。この時期の超過準備預金保有行動は、政策的要因以外の要因（銀行の財務的要因など）が影響を与えていた可能性を示唆している。

2．超過準備預金保有行動：理論的考察

本節では銀行の超過準備預金保有行動について理論的考察を行う。なお、これに基づき、次節で実証モデルを導出する。

まず以下のようなバランスシート（B/S）の銀行を仮定する。

銀行は自己資本（K）と預金（D）で調達した資金を準備預金（R）と貸出（L）で運用すると考える。銀行貸出から得られるリターン（つまり準備預金の機会費用）を r_L とし、準備預金の金利収入はないとする。また、期末の預金引出額を $\tilde{x}$（確率変数）とし、準備預金額が不足した場合（$\tilde{x} - R > 0$）は

B/S

準備預金（R）	自己資本（K）
貸出（L）	預金（D）

r_p（$\tilde{x}-R$）のペナルティーを支払うとする（$r_p > r_L$）。このような銀行の期待収益（π）は下記の式で表される。

$$\pi(R) = r_L(D+K-R) - r_p E[\max(0, \tilde{x}-R)]$$
$$= r_L(D+K-R) - r_p \int_R^D (x-R)f(x)dx \quad \text{(a)}$$

$f(x)$：確率密度関数

そして(a)式の一階の条件は

$$\pi'(R) = -r_L - r_p Pr[\tilde{x} \geq R] = 0 \quad \text{(b)}$$
$$Pr[\ ]：確率$$

となる[6]。

ここで銀行の予想預金引出額（x）の分布を冪関数分布（Power Function Distribution）と仮定すると、分布関数 $F(x)$ は以下のように表される[7]。

$$F(X) = \left(\frac{x}{D}\right)^c$$
$$c > 0, \quad 0 \leq x \leq D$$

c は分布の形状パラメーターであり、この値が大きいほど期末に多くの預金引出がなされる確率が高くなる（図5-5、5-6参照）。これを用いると、(b)式の $Pr[\tilde{x} \geq R]$ は以下のようになり、

$$Pr[\tilde{x} \geq R] = 1 - \left(\frac{R}{D}\right)^c$$

---

6) 以上の理論的考察は Freixas and Rochet（2008）の第8章、および Ogawa（2007）、小川（2004）に依拠している。
7) Power Function Distribution については Evans et al.（2000）の第33章を参照。

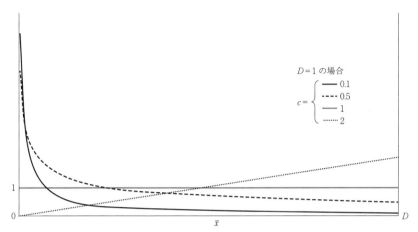

図5-5 冪関数分布（Power Function Distribution）の確率密度関数

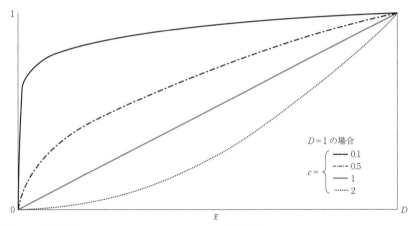

図5-6 冪関数分布（Power Function Distribution）の分布関数

これを用いると(b)式は

$$\pi'(R) = -r_L R - r_p \left\{ 1 - \left(\frac{R}{D}\right)^c \right\} = 0$$

となる。これより、利潤最大化をする銀行の最適準備預金保有額は下式を満たすように決定される。

$$\left(\frac{R}{D}\right)^c = 1 - \frac{r_L}{r_p} \quad \text{(c)}$$

第5章　邦銀による超過準備預金保有はなぜ起こったのか？——邦銀財務パネルデータを用いた分析　99

次に(c)式より超過準備預金に関する式を導く。準備預金（R）は法定準備預金（LR）と超過準備（ER）により構成され、法定準備率をδ（定数）とすると、$R=LR+ER$、$D=\dfrac{LR}{\delta}$となるので(c)式は以下のようになる。

$$\delta^c\left(1+\frac{ER}{LR}\right)^c = 1-\frac{r_L}{r_p} \qquad \text{ただし、} ER \geq 0 \quad (d)$$

これより超過準備預金比率$\left(\dfrac{ER}{LR}\right)$に影響を与える要因として、以下3つの要素を挙げられる。1つ目が期末に多くの預金の引出（準備預金制度対象債務の解約）がなされる可能性（c）である。銀行が期末に多額の預金引出に直面し、自分自身の準備預金が不足する可能性が高いと考えるほど（cが大きいほど）、左辺が小さくなるのでERを増やし$\dfrac{ER}{LR}$が大きくなる。これを予備的動機（準備預金が不足する可能性）と呼ぶ。2つ目が準備預金保有の機会費用（r_L）であり、機会費用が高いほど右辺が小さくなるのでERを減らし$\dfrac{ER}{LR}$は小さくなる。そして3つ目がペナルティー率（r_p）であり、ペナルティー率が高いほど右辺が大きくなるのでERを増やし$\dfrac{ER}{LR}$が大きくなる。

以上より、予備的動機、機会費用、ペナルティー率が超過準備預金需要に影響を与えることが示された。これら要因は今世紀の邦銀に限らず銀行業に一般的に影響を与える要因である。これら基本要因に加え、この時期の邦銀特有の要因について以下考えていく。

まず、第1節で述べたこの時期の金融政策の枠組みの違いである。分析期間には量的緩和政策（2001年3月〜2006年3月）と補完当座預金制度（2008年10月〜）という2つの特殊な金融政策の時期が含まれる。前者は日本銀行の当座預金残高量の拡大を目標としていたため、それ以外の時期に比べ膨大な準備預金が供給された。この時期には、コールレートが実質ゼロ％（機会費用低下）であったことによる超過準備需要増加に加え、供給サイドの要因からも邦銀は超過準備を多く保有したと考えられる。後者の補完当座預金制度は超過準備に対して付利が行われる政策である。付利に伴う機会費用の低下を考慮する必要がある。

2つ目が、自己資本比率規制の影響である。自己資本比率規制が銀行行動の制約となり、自己資本が減少すると銀行は自身のリスク資産（特に銀行貸出）を減少させるキャピタル・クランチという現象が起きる。この現象は1990年代初頭の米国の実証研究（Hall, 1993; Peek and Rosengren, 1995）で存在が指摘された後、1990年代末以降、邦銀行動でも存在が指摘されてきた（Ito and Sasaki, 1998, 2002; Woo, 2003; Montgomery, 2005; Watanabe, 2007; Shimizu, 2007）。本節冒頭に示したB/S構造からも明らかなように、リスク資産の減少は無リスク資産（準備預金）の増加につながった可能性が考えられる。よって自己資本比率が低い銀行ほど、超過準備を保有する可能性がある。

　3つ目が公的資金注入政策の影響である。金融機能安定化法および早期健全化法に基づき、1990年代末から2000年代にかけて一部邦銀に対して実施された資本注入政策が邦銀のリスクテイク行動に影響を与えたことは先行研究によって指摘されている（Montgomery and Shimizutani, 2009; 長田, 2010; Nakashima, 2016）[8]。しかし、この影響については相反する実証結果が指摘されている。注入を受けた銀行が資本増強による自己資本比率上昇に伴ってリスクテイクを増やしたという結果がある一方、注入を受けた銀行が行政指導の下、リスクテイクを抑制したという結果も存在する。しかし、いずれの場合にせよ、資本注入政策は注入行による超過準備預金保有行動に影響を与えた可能性がある。

　最後に、サンプルは都市銀行、地方銀行（第二地方銀行も含む）、信託銀行と業態の異なる銀行によって構成される。これらの業態の違いも考慮する。

3．データと推定式

　前節に基づき、本稿では下記式を推定する。推定期間は2000年3月から2011年3月までの12年間とし、邦銀の年度末財務データを用いたパネルデータを用いる[9]。

$$ERR_{it} = \alpha + \beta_1 Ratio_{it} + \beta_2 OppCost_t + \beta_3 InjectedD_{it} + \beta_4 QED_t + \varepsilon_{it}$$

---

[8] Duchin and Sosyura（2014）は米国で実施された資本注入政策の銀行行動に対する影響について分析している。

ERR_{it} は超過準備預金比率であり、第１節で示した以下の手順で算出する。各銀行各年度末の貸借対照表より、表5-2に示した３つの準備預金制度対象債務（定期性預金、その他の預金、債券）それぞれの合計額を算出する。次に、表5-2の準備率・超過累進制に基づき定期性預金・その他の預金・債券それぞれの法定準備預金額を算出し、それらを合計し法定準備預金総額を求める。この法定準備預金総額を貸借対照表の「日銀への預け金」（資産の部）から引いた額を超過準備預金額とする。

$Ratio_{it}$ は予備的動機の大きさを捉える変数である。本稿では先行研究にならい、予備的動機は銀行の健全性指標と相関すると考え、以下４つの指標を用いる。

１つ目が自己資本比率である。ここで用いる自己資本比率とは国際統一基準に基づく自己資本比率、いわゆる BIS 比率である[10]。この自己資本比率が低い銀行ほど「自分自身の健全性は低く、市場からの資金調達が困難であり、準備預金が不足する可能性が高い」と考え、準備預金をより需要すると考える。つまり、自己資本比率が低い銀行ほど超過準備預金を多く保有すると考えられる。

２つ目がより狭義の自己資本比率、いわゆる TierI 比率である。TierI 比率とは、貸借対照表上の株主資本（TierI）をリスク加重資産で除した値であり、補完的項目（Tier2）を含む自己資本比率に比べ、より健全性を反映する指標といわれている。

３つ目が金融再生法に基づく不良債権比率である。金融再生法に基づいて邦銀が開示している不良債権は要管理債権、危険債権、破産更生等債権の３つである。この３債権の合計額を３債権の合計に正常債権を加えたもので除した値を「不良債権比率」とする。Ogawa（2007）などと同様、不良債権比率が高い銀行ほど市場からの資金調達が困難であり、超過準備預金を多く保

9）2011年３月期までのデータが収録される「NEEDS 日経財務データ DVD 版」より銀行（都市銀行、［旧］長期信用銀行、地方銀行、第二地方銀行、信託銀行）の単体財務データを用いる。当該データベースにおいて自己資本比率（および Tier1比率）・不良債権比率のデータが利用可能なのが2000年３月以降である。よって分析期間は2000年３月から2011年３月までの12年間とする。財務データ以外のデータは日本銀行などの公開データを用いる。
10）国際統一基準に準じた国内基準自己資本比率も含める。

有すると考える。

　4つ目が総資産利益率（ROA）である。ROA は健全性指標ではなく、収益性指標であるが、当該指標が低い銀行の預金者ほど預金を引き出す可能性が高いと考えられる。よって、ROA が低い銀行ほど超過準備預金を多く保有すると考える。

　期待される β_1 の推定結果は、自己資本比率・TierI 比率・ROA の場合は負の値、不良債権比率の場合は正の値である。なお、自己資本比率・Tier1 比率はキャピタル・クランチを捉える指標でもあり、キャピタル・クランチに起因する超過準備預金保有が起こっていた場合も β_1 は負の値を得ると考えられる。

　$OppCost_t$ は機会費用を捉える指標であり、「無担保コール翌日物金利から補完当座預金制度の付利率」を引いた値を用いる。Mishkin（2015）は、機会費用は超過準備預金を貸出に回せば得られたであろう金利収入であり、FF レート（日本の場合、無担保コール翌日物）に等しいと述べている。2009年3月期以降3年間は補完当座預金制度の下で超過準備に付利（0.1%）されているので、無担保コール翌日物から0.1を引いた値が $OppCost_t$ となる。補完当座預金制度導入前は、超過準備預金に対する付利率は0％であるので $OppCost_t$ は無担保コール翌日物の値である。

　$InjectedD_{it}$ は公的資金注入を捉えるダミー変数であり、公的資金注入を受けている銀行は1、それ以外は0をとる変数である。銀行が公的資金を完済した場合は0をとる。

　QED_t は量的緩和政策期を捉えるダミー変数であり、2001年3月から2006年3月の6年間を1、それ以外の期間を0とする。

　α は定数項であるが、これにはペナルティー率の効果が含まれると考える。本稿ではペナルティー率は全期間・全銀行で一定であると考える。日本では、ある金融機関の日銀当座預金の残高が1か月間の平均で法定準備預金額に達しなかった場合には、不足部分について、基準貸付金利に年3.75％を加算した率により計算した額を、過怠金として日本銀行を通じて国に納付しなければならない。上乗せされる金利（3.75％）は全期間、全銀行で同一であるため、ペナルティー率も一定であると考える。

　これに加え、業態ダミー変数として都市銀行ダミーと地方銀行ダミー（第

二地方銀行を含む）を加えて推計する。ε_{it} は誤差項である。

　図5-4のヒストグラムからも明らかなように、被説明変数の超過準備預金比率は下限（0付近）で切断されたデータである。よって、推定には下式(1)のようなパネル・トービット・モデル（Random-effects Tobit Models）を用いる。

$$ERR_{it} = \alpha + \beta_1 Ratio_{it} + \beta_2 OppCost_t + \beta_3 InjectedD_{it} + \beta_4 QED_t + \varepsilon_{it} \quad (1)$$

$$\begin{cases} ERR_{it} = ERR_{it}^* & \text{if } ERR_{it}^* > 0 \\ ERR_{it} = 0 & \text{if } ERR_{it}^* \leq 0 \end{cases}$$

　この推定式では ERR_{it} の下限が0となっているが、本稿で用いる超過準備預金比率は概算値であるため、0以下の値も存在する（表5-3参照）。よって、(1)式における ERR_{it} の下限（切断点）を0ではなく超過準備預金比率の最小値とする推定も行う。

　また、(1)式では、$OppCost_t$ と QED_t が含まれているため、時点固定効果を含めた推定ができない。両変数では捉えきれない各年特有の影響（時点固定効果）をコントロールした下式の推定も行う。

$$ERR_{it} = \alpha + \beta_1 Ratio_{it} + \beta_3 InjectedD_{it} + \mu_t + v_{it} \quad (2)$$

$$\begin{cases} ERR_{it} = ERR_{it}^* & \text{if } ERR_{it}^* > 0 \\ ERR_{it} = 0 & \text{if } ERR_{it}^* \leq 0 \end{cases}$$

　本推定でも、ERR_{it} の下限（切断点）を0ではなく超過準備預金比率の最小値とする推定も行う。

4．推定結果と分析

　式(1)、(2)の推定結果をそれぞれ表5-5、5-6に示す。それぞれの表の左半分の6つの推定結果は、被説明変数（超過準備預金比率）の下限（切断点）を0％とした推定結果であり、右半分は下限（切断点）を最小値とした推定結果である[11]。

11）前者の場合、それぞれの推定において223〜234のサンプルが下限0％で打ち切られているが、後者の場合は下限で打ち切られたサンプルはない。

表5-5 推定結果：推定式(1)

被説明変数 下限(切断点)	超過準備預金比率 (0%)				超過準備預金比率 (最小値)			
定数項	3,837.511* (1,590.677)	1,466.339 (1,454.068)	2,572.606* (1,363.194)	2,597.391+ (1,358.792)	2,027.460 (1,276.710)	2,550.776* (1,271.140)	3,661.717* (1,451.358)	1,546.811 (1,335.235)	2,885.218* (1,260.383)	2,891.955* (1,256.245)	2,194.808* (1,180.699)	2,752.503* (1,179.309)
自己資本比率	-124.661+ (69.339)		20.079 (14.176)				-93.515 (60.545)		14.422 (12.430)			
Tier1比率		80.056 (59.001)		27.296+ (14.019)				94.862+ (51.418)		20.918+ (12.216)		
不良債権比率	79.778* (40.290)	118.638** (40.454)			88.573** (32.315)		83.038* (35.468)	120.265** (35.681)			88.930** (28.404)	
ROA	59.881 (133.773)	-109.990 (140.742)				-6.824 (63.890)	24.876 (118.184)	-143.864 (124.859)				-26.883 (54.528)
機会費用	-934.238** (329.382)	-875.696** (329.123)	-888.715** (324.214)	-882.806** (323.989)	-897.058** (327.361)	-882.080** (324.493)	-350.769 (280.106)	-296.992 (280.054)	-321.993 (274.585)	-316.953 (274.427)	-330.252 (278.476)	-312.470 (274.509)
量的緩和政策ダミー	567.021** (190.187)	645.721** (187.899)	927.079** (158.626)	928.690** (158.430)	671.765** (179.711)	924.187** (158.105)	474.937** (165.666)	543.457** (163.667)	794.339** (138.101)	796.828** (137.967)	554.872** (156.513)	793.751** (137.448)
資本注入ダミー	-209.219 (480.329)	-177.123 (482.546)	17.935 (473.368)	22.610 (473.165)	-201.926 (479.755)	-15.130 (470.330)	38.374 (418.343)	71.806 (418.905)	182.528 (407.987)	186.261 (407.797)	35.278 (416.598)	155.403 (405.760)
都市銀行ダミー	-3,158.415* (1,584.095)	-3,279.924* (1,622.912)	-3,543.791** (1,644.083)	-3,539.847** (1,645.562)	-3,045.775* (1,565.073)	-3,252.743* (1,566.267)	-2,748.515* (1,464.203)	-2,828.696* (1,492.518)	-3,188.381** (1,515.644)	-3,186.391** (1,516.406)	-2,542.024+ (1,439.410)	-2,864.401* (1,448.613)
地方銀行ダミー	-1,611.093 (1,326.524)	-1,334.382 (1,354.115)	-1,520.824 (1,381.418)	-1,559.077 (1,382.701)	-1,152.420 (1,289.708)	-1,315.791 (1,299.801)	-1,433.453 (1,234.499)	-1,204.799 (1,254.034)	-1,407.350 (1,278.564)	-1,432.627 (1,279.145)	-981.554 (1,194.414)	-1,159.806 (1,206.684)
サンプル数	1,398	1,398	1,418	1,418	1,401	1,424	1,398	1,398	1,418	1,418	1,401	1,424
銀行数	132	132	135	135	134	138	132	132	135	135	134	138

注1：括弧内は標準誤差。＊＊＊，＊＊，＊，＋はそれぞれ1％，5％，10％の有意水準を表す。
注2：機会費用（OppCost）＝無担保コール翌日物金利－補完当座預金制度の付利利率

表5-6 推定結果：推定式(2)

説明変数 下限(切断点)	超過準備預金比率 (0%)					超過準備預金比率 (最小値)				
定数項	3,499.557*	1,546.066	2,658.474*	2,714.482*	1,971.202	2,617.388*	3,404.146**	1,688.914	2,920.624*	2,962.001*	2,173.766*	2,786.929*
	(1,593.695)	(1,485.861)	(1,391.099)	(1,387.710)	(1,317.122)	(1,293.144)	(1,456.360)	(1,362.581)	(1,280.887)	(1,277.716)	(1,214.772)	(1,194.202)
自己資本比率	−113.495		24.831+				−84.848		19.587			
	(70.839)		(13.794)				(62.447)		(12.166)			
Tier1比率		73.579		30.648*				84.368		24.571*		
		(59.398)		(13.672)				(51.636)		(11.952)		
不良債権比率	82.018+	107.631*			81.338*		79.564*	104.563**			75.805*	
	(44.054)	(44.841)			(36.557)		(38.855)	(39.632)			(32.068)	
ROA	52.277	−108.921				−0.157	35.715	−123.292				−12.278
	(135.306)	(140.889)				(63.960)	(120.289)	(126.313)				(54.459)
資本注入 ダミー	−147.131	−136.855	−42.167	−39.248	−165.347	−57.533	174.813	191.258	201.888	203.615	152.743	186.916
	(473.125)	(475.278)	(466.216)	(465.967)	(472.809)	(463.872)	(409.040)	(409.633)	(399.583)	(399.380)	(407.541)	(398.003)
都市銀行 ダミー	−3,241.770*	−3,376.750**	−3,618.908**	−3,610.420**	−3,131.246**	−3,303.659**	−2,753.896+	−2,843.292+	−3,188.815**	−3,182.917**	−2,553.170*	−2,839.162*
	(1,604.127)	(1,644.843)	(1,665.453)	(1,666.916)	(1,581.754)	(1,581.087)	(1,478.120)	(1,508.472)	(1,529.023)	(1,529.995)	(1,451.033)	(1,455.603)
地方銀行 ダミー	−1,775.170	−1,522.632	−1,661.859	−1,708.304	−1,333.508	−1,454.778	−1,569.886	−1,363.019	−1,515.985	−1,549.386	−1,129.329	−1,258.402
	(1,340.616)	(1,370.014)	(1,398.962)	(1,400.226)	(1,300.446)	(1,310.822)	(1,246.205)	(1,267.678)	(1,290.653)	(1,291.395)	(1,203.851)	(1,212.658)
2001年3月期 ダミー	−1,431.615**	−1,506.392**	−1,352.659**	−1,348.714**	−1,407.126**	−1,306.422**	−817.248**	−885.064**	−741.155**	−736.843**	−801.653**	−703.058**
	(352.031)	(351.146)	(343.150)	(342.904)	(348.237)	(340.489)	(296.006)	(294.879)	(288.144)	(287.950)	(292.491)	(285.207)
2002年3月期 ダミー	1,551.237**	1,462.514**	1,704.322**	1,704.923**	1,592.768**	1,746.590**	1,313.593**	1,224.219**	1,472.936**	1,473.613**	1,346.986**	1,500.851**
	(344.529)	(345.148)	(330.847)	(330.574)	(339.682)	(329.408)	(303.746)	(304.322)	(291.670)	(291.462)	(299.477)	(289.847)
2003年3月期 ダミー	1,879.654**	1,840.761**	2,037.385**	2,037.093**	1,945.522**	2,075.293**	1,611.510**	1,565.381**	1,766.062**	1,765.911**	1,660.631**	1,791.496**
	(341.272)	(341.325)	(331.608)	(331.320)	(337.905)	(330.052)	(301.930)	(302.019)	(293.162)	(292.946)	(298.885)	(291.272)
2004年3月期 ダミー	1,387.916**	1,341.073**	1,423.181**	1,421.788**	1,414.624**	1,473.107**	1,152.325**	1,107.071**	1,190.808**	1,189.689**	1,167.340**	1,228.591**
	(340.740)	(339.889)	(336.217)	(335.941)	(338.463)	(335.032)	(301.688)	(300.891)	(296.998)	(296.788)	(299.390)	(295.514)
2005年3月期 ダミー	1,364.907**	1,302.321**	1,227.509**	1,225.573**	1,353.677**	1,286.562**	1,098.219**	1,043.247**	985.270**	983.654**	1,080.134**	1,031.640**
	(342.735)	(341.040)	(338.233)	(337.945)	(340.465)	(337.478)	(303.665)	(302.035)	(298.672)	(298.446)	(301.267)	(297.564)
2006年3月期	672.125+	589.462+	442.995	434.703	626.677+	547.283	512.462+	444.502	316.283	308.752	466.382	399.502

ダミー										
2007年3月期	162.955	12.884	-195.316	-194.326	66.335	-124.277	268.195	139.472	-30.514	-29.849	181.485	24.482
	(364.628)	(358.123)	(345.536)	(345.165)	(355.674)	(344.622)	(317.303)	(311.002)	(298.575)	(298.260)	(308.615)	(297.383)
2008年3月期	-213.898	-333.924	-564.495	-561.983	-286.595	-498.317	199.149	86.883	-91.336	-91.333	128.800	-41.149
	(370.381)	(365.770)	(350.771)	(350.371)	(362.619)	(349.456)	(317.502)	(313.228)	(297.795)	(297.519)	(309.639)	(296.200)
2009年3月期	357.870	208.141	-10.971	-8.565	281.620	48.449	352.923	216.015	33.875	33.652	283.445	75.904
	(382.755)	(378.661)	(346.433)	(346.077)	(363.115)	(344.961)	(334.962)	(331.480)	(301.263)	(301.013)	(316.917)	(299.364)
2010年3月期	119.699	-114.430	-375.967	-376.475	-33.985	-291.928	113.878	-92.772	-286.999	-288.599	-17.189	-222.338
	(383.425)	(373.001)	(348.211)	(347.710)	(364.747)	(346.618)	(335.627)	(325.766)	(302.236)	(301.835)	(318.174)	(300.415)
2011年3月期	810.952*	529.185	268.271	260.728	632.677†	359.174	580.328*	327.217	142.307	135.529	429.423	213.071
	(385.201)	(374.395)	(345.561)	(345.176)	(362.801)	(343.819)	(340.368)	(329.746)	(303.476)	(303.147)	(319.493)	(301.487)
	1.398	1.398	1.418	1.418	1.401	1.424	1.398	1.398	1.418	1.418	1.401	1.424
	132	132	135	135	134	138	132	132	135	135	134	138

注:カッコ内は標準誤差。**，*，†はそれぞれ1％，5％，10％の有意水準を表す。

まず推定式(1)の結果（表5-5）に基づき、諸要因の影響について分析する。はじめに、予備的動機を捉える4変数の結果である。4変数のうち不良債権比率のみがすべての推定で有意な結果を得ている。推定値は約80〜120の値をとっており、1％の不良債権比率の上昇は約100％の超過準備預金比率上昇、つまり法定準備預金額と同額の超過準備預金の積み増しをしていたことを意味している。

一方で、その他3変数に関しては有意な結果が限られている。負の推定結果が予想されたTier1比率が有意水準は低いが正で有意な結果を得ている。これは予備的動機およびキャピタル・クランチの両観点と一致しない結果である。バーゼル規制に基づく自己資本比率（Tier1比率）を算出する際の分母であるリスクアセットは、バランスシートにおける無リスク資産の割合が高いほど小さくなる。つまり、超過準備預金が多い銀行ほどTier1比率が高くなる可能性があり、この関係を捉えた結果かもしれない。一方で、表5-5の最も左の推定式では、自己資本比率が負に有意な結果を得ており、この結果は予備的動機およびキャピタル・クランチの両観点と一致する。よって、推定式(1)の分析結果からは自己資本比率（Tier1比率）と超過準備預金比率の間には明確な関係が見いだせないといえる。

次に、機会費用（OppCost）である。超過準備預金比率0％を下限とした推定式ではいずれも負で有意な結果を得ている。代替資産との金利差（＝無担保コール翌日物金利−補完当座預金制度に基づく付利率）が低下すると、超過準備預金保有が増加したといえる。1％の金利低下は実に900％（法定準備預金額の9倍）の超過準備保有につながったと考えられる。しかし、最小値を下限とした推定では、有意な結果は得られなかった。こちらの推定には超過準備預金比率の概算値が0％を下回るサンプルが含まれている。負値をとるサンプル間の超過準備預金行動の差異は、機会費用以外の要因（図5-2で示したような期末の積み行動の差異など）が関係しているためであると考えられる。

ペナルティー率の効果を含むと考えられる定数項の推定値は正に有意な結果を得ている。本分析では限界的な効果はわからないが、ペナルティー率を下げることで超過準備預金比率を下げることができる可能性を示唆している。

量的緩和政策ダミーは、すべての推定式で有意な結果を得ている。正に有

意な結果は有意水準も高く、推定値も約500〜900と高い。量的緩和政策期はその他の期間に比べ、邦銀は平均的にみて法定準備預金の5〜9倍の超過準備預金を積み増していたといえる。

都市銀行ダミーもまたすべての推定式で、有意な結果を得ている。推定値は非常に高く、都市銀行が他業態（地銀、信託銀行）に比べ約3000％も超過準備預金比率が低かったことがわかる。この結果は地銀や信託銀行が、非常に高い超過準備預金比率をとっていたことを意味する。この要因はいくつか考えられる。他業態は都市銀行に比べ短期資金の運用手段が限られるため、超過準備預金が蓄積された可能性、同じく短期資金の調達手段が限られているため、予備的動機による準備預金保有動機が高かった可能性が考えられる。

最後に資本注入ダミーであるが、有意な結果を得られなかった。資本注入を受けた銀行と受けなかった銀行の間には超過準備預金保有行動に差異がなかったと考えられる。

続いて推定式(2)の結果である（表5-6参照）。予備的動機・機会費用・ペナルティー率・都市銀行ダミー・資本注入ダミーいずれも推定結果も推定式(1)の結果と一致する。時間固定効果をコントロールした上でも同様の結果を得られたことから、推定式(1)の結果の頑健性が示された。推定式(1)との唯一の違いは自己資本比率の係数の推定値において、負で有意なものがなくなり、正で有意な推定結果を得たことである。これは前述した自己資本比率の算出式に原因があると考えられる。

表5-6の結果に示される各年ダミーの推定結果によると、量的緩和政策期（政策が開始された2001年3月期を除く）には1000〜2000％の超過準備預金比率の上昇が示されている。この推定値は不良債権比率などの財務要因の推定値を大きく上回る値である。当時の超過準備預金保有行動は銀行内部の財務的要因よりも、外部的要因（低金利、量的緩和政策）の影響が大きかったと考えられる。各年ダミーの結果をみると補完当座預金制度導入期（2009年3月期以降）は有意な結果を得られなかった。これらの時期の超過準備預金保有行動は財務的要因の影響が大きかったと考えられる。

5．結　論

　邦銀による超過準備預金の蓄積が始まり、実に20年が経とうとしている。「利潤最大化する銀行は、付利されない準備預金の保有は最小限に留める」と教える標準的な金融論の教科書の記述からも明らかなように、長期間にわたり膨大な額の超過準備預金が蓄積することは平時の経済学では想定してこなかった現象である。

　本章では5つの要因（機会費用、予備的動機、自己資本比率規制、公的資金注入政策、金融政策の枠組みの変化）に注目し、2000年3月期から2011年3月期までの邦銀財務パネルデータを用いて分析を行った。超過準備預金比率（＝超過準備預金額÷法定準備預金額）をそれぞれの要因に回帰するパネル・トービット分析を行った結果、超過準備預金の蓄積には銀行サイドの要因（財務的要因・業態）、および金融政策という外的要因の両面が影響を与えていたことがわかった。一方で、公的資金注入や自己資本比率規制の影響は明らかにならなかった。

　一般的に最大の原因として考えられてきた金融政策の枠組みは確かに本現象に影響を与えていた。1999年に実施のゼロ金利政策以降、政策金利が低水準に維持され続けていることや、補完当座預金制度の下、2008年より超過準備預金に対して付利されたことによる機会費用の低下は、銀行の需要行動に影響を与え超過準備預金の蓄積に影響を与えたと考えられる。さらに、当座預金残高量の拡大を政策目標とする量的緩和政策の下では供給サイドを要因とする超過準備預金量の蓄積が起こった。

　しかし、本現象は金融政策という全銀行に共通する外的要因のみで説明できるものではなかった。銀行間の財務的・業態の差異が、銀行の需要行動に影響を与え、超過準備預金蓄積の差異を引き起こしていた。

　不良債権比率が高い銀行ほど、預金等（準備預金制度対象債務）の引出による準備預金不足に備える「予備的動機」が高く、超過準備預金需要を高めたと考えられる。この結果は1990年代から2002年度までの邦銀行動を分析したOgawa（2007）の結果と一致する。Ogawa（2007）の分析期間のあとに続く期間（量的緩和政策期の後半、補完当座預金制度開始期、および両期間に挟まれた時

期)でも不良債権比率は予備的動機を通じて超過準備預金保有行動に影響を与えていた。

　また都市銀行は他行に比べ超過準備預金比率が低かった。この結果より、都市銀行以外の銀行は都市銀行に比べ短期資金の運用手段が限られるため、超過準備預金が蓄積された可能性、同じく短期資金の調達手段が限られているため、予備的動機による準備預金保有動機が高かった可能性が考えられる。

　本分析期間には2つの非伝統的金融政策が実施された時期を含む。1つ目が量的緩和政策期（2001年3月～2006年3月）であり、もうひとつが補完当座預金制度導入期（2009年3月期以降）であるが、超過準備預金蓄積に対する影響の程度は両政策で異なった。量的緩和政策期は銀行内部の財務的要因よりも、外的要因（低金利、量的緩和政策）の影響が大きかったと考えられる一方で、補完当座預金制度導入期の超過準備預金保有行動は銀行サイドの要因の影響が外部要因よりも大きかったと考えられる。

　量的緩和政策期の結果は金融政策の波及経路の観点からも興味深い。かねてより邦銀による超過準備の蓄積は、金融緩和政策に伴う資金が銀行部門に滞留し、銀行のリスクテイク（貸出行動など）に結びついていない証左として捉えられ、金融緩和政策の波及を阻害している現象と考えられてきた。しかし、本研究の結果より当時の超過準備預金の蓄積は銀行サイドにその主因があったとは言い難く、金融政策に邦銀の超過準備預金需要を減少させる枠組み（予備的動機の低下、機会費用の上昇、ペナルティー率の低下など）が欠如していたことが原因であった可能性が考えられる。つまり、量を拡大するのみの金融政策には、銀行のリスクテイク行動に影響を与える仕組みが欠如していたといえるかもしれない。

　本研究はデータの制約上、2011年3月までの分析に留まっている。しかし、2011年以降も、量的質的緩和政策やマイナス金利政策など、さまざまな非伝統的金融政策が実施されてきており、それらの時期の超過準備預金蓄積は今回の分析期間をはるかに上回る規模である。また、超過準備預金蓄積には本章で考慮した要因以外にも考慮すべき銀行側の要因があるかもしれない（経営体制等の質的要因など）。今回の分析によって邦銀の超過準備預金保有行動の全容が明らかになったとはとうていいえない。本章の分析を踏まえ、研

究を期間・質の両面で拡張していくことが今後の課題である。

参考文献

池尾和人（2013）「金融緩和の効果、限定的 アベノミクスの１年（下）」『日本経済新聞』2013年12月４日朝刊

小川一夫（2004）「銀行による流動性需要と金融政策」『資産デフレと政策対応』第３章、金融調査研究会

長田健（2010）「資本注入政策のキャピタル・クランチ促進効果」『金融経済研究』第31号、49-68頁

長田健（2014）「自己資本比率が邦銀の流動性需要に与えた影響」『金融規制の新展開——金融危機後のグローバルな金融規制改革の実体経済・金融市場への影響分析』第２章、金融調査研究会

白川方明（2008）『現代の金融政策——理論と実際』日本経済新聞出版社

日本銀行金融研究所編（2004）『新しい日本銀行——その機能と業務 増補版』有斐閣

山口貴也（2010）「日銀当座預金に滞留する銀行マネー、市場機能低下の懸念広がる」ロイター通信、2010年１月22日 https://jp.reuters.com/article/idJPJAPAN-13469420100122（2017年11月24日アクセス）

Chang, S. H., Contessi, S. and Francis, J. L.（2014）"Understanding the accumulation of bank and thrift reserves during the US financial crisis," *Journal of Economic Dynamics and Control*, 43, 78-106.

Duchin, R. and Sosyura, D.（2014）"Safer ratios, riskier portfolios: Banks' response to government aid," *Journal of Financial Economics*, 113(1), 1-28.

Evans, M., Hastings, N. and Peacock, B.（2000）*Statistical Distributions*, 3rd edition, Wiley-Interscience.

Feinman, J. N.（1993）"Reserve requirements: history, current practice, and potential reform," *Fed. Res. Bull.*, 79, 569.

Freixas, X. and J.-C. Rochet（2008）*Microeconomics of Banking*, 2nd edition, The MIT Press.

Güntner, J. H.（2015）"The federal funds market, excess reserves, and unconventional monetary policy," *Journal of Economic Dynamics and Control*, 53, 225-250.

Hall, B. J.（1993）"How has the Basle Accord affected bank portfolios?" *Journal of the*

Japanese and international economies, 7(4), 408-440.

Ito, T. and Sasaki, Y. N. (1998) "Impacts of the Basle capital standard on Japanese banks' behavior" *NBER Working Paper*, No.6730.

Ito, T. and Sasaki, Y. N. (2002) "Impacts of the Basle capital standard on Japanese banks' behavior," *Journal of the Japanese and International Economies*, 16(3), 372-397.

Mishkin, F. S. (2015) *The Economics of Money, Banking, and Financial Markets*, Global edition, Pearson education.

Montgomery, H. (2005) "The effect of the Basel Accord on bank portfolios in Japan," *Journal of the Japanese and international economies*, 19(1), 24-36.

Montgomery, H. and Shimizutani, S. (2009) "The effectiveness of bank recapitalization policies in Japan," *Japan and the World Economy*, 21(1), 1-25.

Nakashima, K. (2016) "An econometric evaluation of bank recapitalization programs with bank-and loan-level data," *Journal of Banking & Finance*, 63, 1-24.

Ogawa, K. (2007) "Why Commercial Banks Held Excess Reserves: The Japanese Experience of the Late 1990s," *Journal of Money, Credit and Banking*, 39(1), 241-257.

Peek, J. and Rosengren, E. (1995) "The capital crunch: Neither a borrower nor a lender be," *Journal of Money, Credit and Banking*, 27(3), 625-638.

Shimizu, Y. (2007) "Impacts of the BIS regulation on the Japanese economy," *Journal of Asian Economics*, 18(1), 42-62.

Shioji, E. (2003) "Who killed the Japanese Money Multiplier? A Micro-data Analysis of Banks," *mimeo*.

Watanabe, W. (2007) "Prudential regulation and the 'credit crunch': Evidence from Japan," *Journal of Money, Credit and Banking*, 39(2-3), 639-665.

Woo, D. (2003) "In search of 'capital crunch': Supply factors behind the credit slowdown in Japan. Journal of Money," *Credit, and Banking*, 35(6), 1019-1038.

第6章

銀行の資本構成の決定要因
欧米銀行のデータに基づく検証

埼玉大学大学院人文社会科学研究科博士後期課程　木内　卓

はじめに

　銀行の自己資本比率は一般的に事業会社のそれに比べ低く維持されている。銀行には自己資本規制が課されるため、コーポレート・ファイナンスにおける MM 理論や最適資本構成の理論[1]は適用されないとされることも多い（DeAngelo and Stulz, 2015）。銀行の資本に関する研究をサーベイした Berger et al.（1995）では、銀行の最適資本構成の決定要因として具体的に、税金と破綻コスト、情報の非対称性と取引費用、セーフティーネットの存在を挙げている。税金と破綻コスト、情報の非対称性と取引費用は、上記コーポレート・ファイナンスの研究で明らかにされてきた MM 理論からの乖離要因だが、セーフティーネットの存在は銀行に特徴的な預金保険制度等の政府サポートであり、これが拡充されてきたことが歴史的に銀行の自己資本比率

---

[1] MM 理論とは、企業価値は資本構成（Capital Structure）の影響を受けないとする Modigliani-Miller の命題（Modigliani and Miller, 1958）を指す。MM 理論は周知のように、完全市場、取引費用や税の不存在、情報の完全性・対称性等を前提としており、現実にはそのような前提が成り立たないことから、これ以降 MM 理論からの乖離要因と最適資本構成を明らかにする研究が発展した。なお、多くの先行研究の用例にならい、本稿では「資本構成」を自己資本そのものの"内訳"の意味ではなく、資本と負債の調達構造（＝構成比率）の意味で用いる。

の低下をもたらした主要因とされている。

　しかし、規制では一律かつ一定水準の自己資本比率の維持が義務付けられているにもかかわらず、実際には最低所要水準を大きく上回る資本を自発的に保有している銀行が散見される。またその保有資本の水準が銀行間でかなりのバラつきがあることも指摘されている[2]。

　Gropp and Heider（2010）は、一般企業の資本構成に関する実証研究で用いられた分析手法[3]を用いて検証した結果、一般企業の資本構成決定についての説明変数の符号条件や統計的な有意性が銀行についても当てはまることを示した。この分析を通じ同論文は、銀行の資本構成決定にとって自己資本規制の影響は二義的なものでしかなく、むしろ一般企業との類似性が高いと結論付けている[4]。また預金保険制度の資本構成への影響も統計的に有意ではないとし、預金保険制度の存在が銀行のモラルハザードを生みレバレッジ拡大をもたらしたとの見方は、実証的には裏付けられないとしている。

　このように昨今の実証分析によって、銀行の資本構成の決定要因として、自己資本規制やセーフティーネットの存在よりも、一般企業の研究で蓄積されてきた MM 理論とそれからの乖離要因についての理論のほうが当てはまる可能性が指摘されている。しかし一方で Gropp and Heider（2010）は、それらコーポレート・ファイナンスの研究における説明変数の説明力が限定的であることも明らかにしている[5]。同論文では、個々の銀行によって異なる顧客構成を反映する資産構造が、説明できていない部分の解明にとって鍵となる可能性が示唆されているが、将来の研究課題として掲げられるに留まった。

2）例えば Flannery and Rangan（2008）や Gropp and Heider（2010）を参照。
3）具体的には Gropp and Heider（2010）は Frank and Goyal（2009）と Rajan and Zingales（1995）の手法を参考にしている。
4）Flannery and Rangan（2008）も銀行の資本構成変化は規制とは独立に起きているとしている。
5）Gropp and Heider（2010）では、国別および時点別の固定効果の説明力に比べ、コーポレート・ファイナンスにおける説明変数の説明力が限定的であること、国別固定効果を銀行別固定効果に替えた場合、銀行別固定効果がレバレッジの92％を説明していることが報告されている。なお、この問題は一般企業における実証分析でも指摘されており（Lemmon et al., 2008）、Bertrand and Schoar（2003）や Frank and Goyal（2007）は、CEO や CFO 等の経営者の特性やガバナンス構造を説明変数として追加することで、説明できていない部分の解明を目指している。

上記のとおり、銀行の資本構成の決定要因については、①自己資本規制やセーフティーネットの存在で説明する理論、② MM 理論とそれからの乖離要因で説明する理論がある。これに加え Gropp and Heider（2010）が示唆した第三の理論、すなわち銀行のバランスシート構造で説明する理論については、近年研究成果が相次いで提示されている。本稿は、Gropp and Heider（2010）が使用したコーポレート・ファイナンスの回帰式に、これら近年の理論研究からのインプリケーションに基づく銀行のバランスシート構造に関わる説明変数を追加することで、銀行の資本構成の決定要因について説明できていない部分の解明を目指した研究である。なお、データは可能な限り Gropp and Heider（2010）と同じデータセットを用いた。これにより銀行が、それぞれに異なる固有の顧客特性・バランスシート構造を反映し、個々の銀行にとって最適な資本構成を選択していることを検証している。

　加えて本稿では、銀行のビジネスモデルや顧客特性が国や地域さらには業態によって異なり、それを反映するバランスシート構造に関わるサンプルの異質性が高いことを考慮、カテゴリー化を工夫しそれぞれのカテゴリーの中で推定を行った。この推定を通じ、経営環境やビジネスモデルによって異なると想定されるバランスシート構造の影響度合いを特定し、検証している。

　本稿の検証の結果、自己資本比率（＝純資産÷総資産。以下本稿では BIS 規制上の自己資本比率との混同を避けるため、「純資産比率」と称す）の決定には資金調達力や金融仲介コストといった収益構造が影響を与えている一方、規制によって枠組みが与えられる Tier1 比率の決定にはバランスシート構造が影響を与えていることが明らかとなった。収益構造の違いが純資産比率に与える影響は中堅以下の米銀で特に大きい他、Tier1 比率の選択に際しては米銀と中堅以下の EU の銀行とで対照的な預金調整行動がみられることも明らかとなった。

　銀行は資産のみならず預金調達も含めたバランスシート構造や効率性・収益性をも踏まえて資本構成を選択しており、またそれら要素のうち何が影響しているかは選択する資本構成が純資産比率であるか Tier1 比率であるか、さらには個々の銀行の属する国や地域、大手行とそれ以外でも異なっている。リーマンショック後に台頭した世界的な金融規制強化に関わる議論において、日本は一貫して国ごとに金融機関のビジネスモデルは異なり"One-

Size-Fits-All"な規制強化は適切でない旨主張してきた。本稿はその主張の実証による裏付けともなっている。

本稿の構成は以下のとおりである。第 1 節では、銀行の資本構成の決定要因について顧客特性・バランスシート構造から説明する理論について概観する。第 2 節で実証モデルを導出し、分析方法とデータに関する説明をした上で実証結果を示し分析を行う。第 3 節では分析結果をもとに結論を示す。

1. 銀行の資本構成の決定要因について バランスシート構造から説明する理論

近年進展している銀行の資本構成をバランスシート構造から説明する理論としては、すでに Gropp and Heider（2010）が Diamond and Rajan（2000）と Allen et al.（2011）の研究を挙げている。Diamond and Rajan（2000）のモデル[6]は、ゲーム理論や契約理論を基礎に銀行の機能をモデル化した Diamond and Dybvig（1983）の発展形として位置付けられる[7]。同論文では企業家・銀行・預金者・資本家からなる 3 期間経済を想定、回収スキルのある銀行による非流動的な貸出資産と取付けリスクのある預金債務の組合せを通じた金融仲介を描くことで、企業家の行う事業のリスク・収益性と銀行の資本構成との関係性を明らかにした。これにより、貸出資産の流動性（あるいは情報の対称性）が低いほど銀行は資本を厚く保有しがちであること、好況期には預金量を拡大させ不況期には縮小させる傾向があること、銀行借入に依存する信用力の劣る企業はレバレッジの高い銀行を利用し高金利を支払う傾向があること等が示される。

取付けによる預金者からの銀行に対する規律付けを中心にモデル構成する Diamond and Rajan（2000）に対し、貸出金利による資産サイドからの規律付けを中心にモデルを構成したのが Allen et al.（2011）である。このモデルでは、銀行は企業に貸出を行うと同時にモニタリングを行うが、モニタリングは貸出金利と自己資本の水準によってインセンティブ付けされる。すなわ

---

[6] 一部の数式の証明については、Diamond and Rajan（2001）が参照されている。
[7] Diamond and Dybvig（1983）の銀行モデルとその後の発展については、酒井・前多（2003）および加藤・敦賀（2012）が詳しい。

ち貸出金利と自己資本の水準は負の相関関係にあり、貸出市場が十分に競争的である場合、貸出金利は抑えられ相対的に高い資本水準が均衡点となる。すでに述べたとおり実証分析の分野では、最低所要水準を大きく上回る資本を自発的に積んでいる銀行が少なからず存在することが明らかになっているが、このモデルはその理由を説明できるものとなっている。またこのモデルでは、よりモニタリングを必要とする中小企業貸出を行う銀行は、より多くの資本を必要とすることも示されている。

　ゲーム理論や契約理論を基礎とする上記2つのモデルとは異なり、Diamond and Dybvig（1983）が明らかにした銀行の流動性供給機能を踏まえつつ、コーポレート・ファイナンスの分野における企業価値評価モデルを用いて銀行の最適資本構成を導出したのが、DeAngelo and Stulz（2015）である。同論文では、預貸金のバランスシートに占める構成比率や利鞘や経費率といった収益性指標と最適資本構成との関係を定式化しており、本稿の実証モデルも直接のインプリケーションを得ていることから以下詳述する。

　DeAngelo and Stulz（2015）のモデルの前提は、①流動性需要の存在、②金融仲介コストの存在、③銀行が資産のリスクを排除できる完全市場の存在、の3点である。これにより社会的に有用な流動性にプレミアムが生じ（銀行が預金で割安に資金調達でき）、法人税や情報の非対称性等を前提としなくとも負債によるレバレッジが銀行にとって最適解となることが示される。

　今、資本市場の利子率を r、流動性プレミアムを θ（$\theta > 0$）、貸出スプレッドを ϕ、資産規模 I に対する預金の割合を x（$0 \leq x \leq 1$）、預金 $D = xI$、資産に占める貸出の割合を z（$0 \leq z \leq 1$）とし、オペレーショナルコストを資産のリスクマネジメントと金融仲介のインフラコストとして $C(I, z)$ で定義する。フリーキャッシュフロー（FCF）は、

$$\begin{aligned}FCF &= r(1+\phi)Iz + rI(1-z) - r(1-\theta)xI - rC(I, z) \\ &= [1 + \phi z - (1-\theta)x]rI - rC(I, z)\end{aligned} \quad (1)$$

と表され、したがって $t = 0$ における株式価値（E: Value of Equity）および株主利益（W: Shareholders' Wealth）は、

$$E = FCF/r = [1+\phi z-(1-\theta)x]I-C(I,z) \quad (2)$$
$$W = E-(1-x)I = [x\theta+\phi z]I-C(I,z) \quad (3)$$

となる。

　レバレッジを変化させた時の株主利益の変化は、

$$\partial W/\partial x = \theta I \quad (4)$$

であり、流動性プレミアムの存在を前提としない（$\theta = 0$）MM理論の下ではすべてのxについて$\partial W/\partial x = 0$となることがわかる（企業価値は資本構成の影響を受けない）。一方、流動性プレミアムの存在を前提とすれば（$\theta > 0$）、貸出の割合（ϕ）や貸出スプレッド（z）がどうあろうともレバレッジ拡大により株主利益は増大し$x = 1$が最適解となる。

　さらに、銀行の規模（I）を内生変数とすると、最適な銀行の規模I^*は以下2つの条件を充たす。

$$W = [\theta+\phi z]I^*-C(I^*,z) \geqq 0 \quad (5)$$
$$\partial W/\partial I = [\theta+\phi z]-\partial C(I^*,z)/\partial I = 0 \quad (6)$$

(5)式は株主利益が正であることを表し、(6)式は株主利益最大化のための一階の条件を表しており、いずれも$\theta > 0$の時、すべての$I > 0$において(4)式のとおり$x = 1$が最適解であることを前提としている。銀行の最適規模I^*における最適資本構成（レバレッジ）は、

$$D/(D+E) = 1/[1+\theta+\phi z-(C(I^*,z)/I^*)] \quad (7)$$

と導出される。すなわち銀行のレバレッジは流動性プレミアム・貸出比率・貸出スプレッドが高いほど抑えられ、平均オペレーショナルコスト（資産規模対比のオペレーショナルコスト）が高いほど促進される。

　以上3つの理論論文から、銀行の資本構成を説明するファクターとして、バランスシート構造のうち、資産に対する預金の割合（預金比率）、資産に占める貸出の割合（貸出比率）、貸出金利（もしくは貸出スプレッド）、預金金利（もしくは流動性プレミアム）、オペレーショナルコスト（経費率）が抽出できると考えられる。

2．実証分析

2.1 推定式

推定式の基本的な考え方は以下のとおりである。

$$Cap_{it} = \beta_0 + BX_{it-1} + CZ_{it-1} + c_i + c_t + u_{it}$$

X は Gropp and Heider（2010）で用いられたコーポレート・ファイナンスの説明変数であり、Z は第1節の理論研究からインプリケーションを得た銀行のバランスシート構造に関わる説明変数を指す（B および C はパラメーター）。i は銀行を、t は各年をそれぞれ表しており、c_i、c_t は銀行別、時点別の固定効果、u_{it} は誤差項である。すなわちコーポレート・ファイナンスの理論に基づく変数と個々の銀行の観察されない異質性および年次特有の要因をコントロールした上で、バランスシート構造が銀行の資本構成を説明できるかを明らかにする。

Gropp and Heider（2010）では、コーポレート・ファイナンスの理論に基づく説明変数として、時価・簿価比率、収益（税引前営業利益÷総資産）、企業規模（総資産）、担保（有価証券等の流動資産＋土地・建物等の固定資産）、配当の5つの変数を用いている。簿価純資産ベースのレバレッジおよび Tier1 比率を被説明変数とし、国別固定効果を入れて両者、銀行別固定効果を入れて前者、の計3つの推計を行っており、うち2つの推計で収益と総資産および担保の3つの変数が有意だったとしている。

彼らの「収益」に含まれる税引前営業利益は、一般企業における本業での利益を表す[8]が、銀行業において本業の利益といえば「資金収支－経費」に他ならず本稿ではこちらを収益指標として採用する。さらに DeAngelo and Stulz（2015）の最適資本構成（（7）式）も踏まえ、より詳細に収益の構成要素別に要因を捉えるべく、資金運用利回り（r_E：資金運用収益÷資金運用勘定平残）、資金調達利回り（r_F：資金調達費用÷資金調達勘定平残）、経費率（$Cost$：経費÷総資産平残）を説明変数として用いる[9]。また担保については、後述のバ

8）すなわち EBIT（Earnings Before Interest & Taxes）を指している。

ランスシート構造に関わる説明変数の主要指標である貸出比率と高い相関が観察されたため本稿では用いない[10]。他に、本稿では固定効果として国別ではなく銀行別の固定効果を入れて推計を行うが、Gropp and Heider（2010）ではマクロ経済変数についてもコントロールを試みた結果、国別固定効果を入れない場合にGDP成長率が有意だったとしているため、本稿でもGDP成長率を推定式に加える[11]。以上、コーポレート・ファイナンスの理論に基づく説明変数として本稿では、資金運用利回り、資金調達利回り、経費率、総資産（対数値）の4指標を用い、加えてマクロ経済変数としてGDP成長率をコントロールする[12]。

銀行のバランスシート構造に関わる説明変数は、DeAngelo and Stulz（2015）の最適資本構成（(7)式）をベースに、各要素と資本構成（自己資本比率）の間に線形関係を仮定することにより導く。このうち、資金運用利回りと資金調達利回りおよび経費率はすでに上記コーポレート・ファイナンスの説明変数に含まれているため、追加変数としては貸出比率（$Loan$：貸出残高÷総資産）および預金比率（$Depo$：顧客預金残高÷総資産）を用いる。なお、DeAngelo and Stulz（2015）のモデルでは、負債は全額預金で調達されることが前提となっているが、現実には銀行は預金以外の手段でも負債調達を行っている[13]。負債が全額預金であれば、総資産に占める預金の割合＝レバ

---

9) 銀行の本業という意味ではより正確には貸出利息および市場調達を除く預金利息を捉えるべきで、DeAngelo and Stulz（2015）等のモデルにおける構成要素もそうなっているが、後述する本稿で用いるBankscopeのデータベースでは十分なサンプルを得ることができないため、代わりに資金運用利回りと資金調達利回りを用いる。
10) 本サンプルデータでは担保（対総資産比率）と貸出比率の相関係数は－0.957となった。
11) 同論文ではマクロ経済変数としてGDP成長率とインフレ率、長短金利差、株式市場の Volatility の4変数を検証、うちGDP成長率と株式市場の Volatility が有意とし、株式市場の Volatility にはEU・米国の各国の代表的な株価指数の日次収益率の1年標準偏差を用いたとしている。しかし、米・英・独・仏以外の各国については、そもそも代表的な株価指数の創設が92～97年以降であるケースもあり、信頼できる時系列データの取得は疑問である。
12) 他にGropp and Heider（2010）が用いた説明変数である時価・簿価比率および配当については、後述する本稿が用いたBankscopeのデータセットでは発行済株式数や配当等株式に係る過去データの蓄積がなく、利用できなかった。これら変数は同論文では有意な結果は少なく、本稿の検証結果に与える影響は限られると考えられるが、これら要因のコントロールは今後の課題である。

レッジ（＝［1－自己資本比率］）にほかならないが、預金以外の負債調達がある場合、預金の流動性プレミアムを付加価値の源泉とする上記モデルにとって、預金調達の割合は銀行の収益性を通じレバレッジに影響を与える可能性がある[14]。これを捉えるため、預金の調達割合を説明変数に加えることとする。

以上を踏まえた最終的な推定式は以下のとおりである。

$$Cap_{it} = \beta_0 + \beta_1 r_{Eit-1} + \beta_2 r_{Fit-1} + \beta_3 Cost_{it-1} + \beta_4 \Delta \log(Asset_{it-1}) + \\ \delta_1 Loan_{it-1} + \delta_2 Depo_{it-1} + \gamma GDPGR + c_i + c_t + u_{it} \quad (1)$$

改めて説明変数は、資金運用利回り（r_E：資金運用収益÷資金運用勘定平残）、資金調達利回り（r_F：資金調達費用÷資金調達勘定平残）、経費率（$Cost$：経費÷総資産平残）、総資産（対数値）、貸出比率（$Loan$：貸出残高÷総資産）、預金比率（$Depo$：顧客預金残高÷総資産）、GDP成長率である。iは銀行を、tは各年をそれぞれ表す。同時性に基づく内生性を避けるため説明変数はすべて1年のラグをとり、自己資本比率（Cap：「純資産比率」）をこれら説明変数に回帰する[15]。Gropp and Heider（2010）では、銀行にとって制約条件となるBIS規制の最適資本構成決定への影響を捉えるべく、Tier1比率を用いた推定も行っていることから、本稿でもTier1比率（Tier1資本÷リスクアセット）をCap_{it}とする推定も併せて行う。

c_i、c_t、はそれぞれ銀行別、時点別の固定効果を表す。それぞれの固定効果が正当化されるかどうかは係数制約のF検定によって調べる。上記(1)式の二元配置固定効果推定と併せ、Pooled-OLS推定および銀行別の影響についてランダム効果を想定（時点別については固定効果を想定）した推定を行い、

---

13) 1990年代初頭から2004年にかけて、銀行の自己資本比率は7％前後だったが、預金以外の負債調達比率は20％から29％に上昇、預金の調達比率は73％から64％まで低下している（Gropp and Heider, 2010）。
14) DeAngelo and Stulz（2015）では、自己資本規制の下で、$x<1$の制約が課される銀行にとっては $W = [x\theta + \phi z]I^* - C(I^*, z)$ となることが示されている。
15) 先述のとおり株式に係る過去データを持たない本稿では、Gropp and Heider（2010）が行った時価ベース純資産比率を被説明変数とする分析ができなかった。銀行にとって「意図しない」市場変動の影響を受けやすい時価ベースの純資産比率ではなく、簿価を基準に課される当局規制への対応も含め、「意図的な」資本構成変更を捉えることのできる簿価ベースの純資産比率を採用することには理があると考えられるが、今後の課題としたい。

上記 F 検定およびロバスト・ハウスマン検定[16]を用いて各推定モデル間の選定を行う。u_{it} は誤差項である。銀行ごとに誤差分散が異なり（不均一分散）、また誤差が同一銀行内で相関する（系列相関）ことを想定したクラスター・ロバスト推定を行う（Petersen, 2009）。

　符号条件を確認する。DeAngelo and Stulz（2015）の最適資本構成（(7)式）によれば、資金運用利回り・貸出比率は正の値、資金調達利回り・経費率は負の値が期待される[17]。預金比率は、負債比率と自己資本比率が逆の指標であることを考えれば負の関係であろうが、DeAngelo and Stulz（2015）が指摘するように預金には流動性プレミアムが存在するため、収益性の高まりを通じて正の関係となる場合もある。貸出について、Diamond and Rajan（2000）では非流動資産である貸出残高と自己資本比率とで正の相関が想定される一方、貸出金利については借手の状況次第では高レバレッジの銀行によるリスクテイク的行動が起こりうるため、自己資本比率とは負の相関となる可能性が示唆されている。Allen *et al.*（2011）でも、貸出市場が十分競争的な場合は貸出金利が抑えられ自己資本比率と負の相関になることが想定されている。対して DeAngelo and Stulz（2015）のモデルでは、資本構成決定の主要因はどちらかといえば預金の流動性プレミアムであり、貸出スプレッドは補完的な位置付けに過ぎないとはいえ、既述のとおりスプレッドと自己資本比率とは正の相関が想定されている。

2.2　データと記述統計量

　「はじめに」で述べたとおり、本稿は Gropp and Heider（2010）の掲げた研究課題を受け、銀行の資本構成の決定要因について説明できていない部分の解明を目指している。この目的に鑑み、データベースは同論文で用いられた Bureau van Dijk の Bankscope を用いる。同論文では1991年から2004年まで[18]の各年ごとに、上場している米国の商業銀行と銀行持株会社から資産規

---

16) 通常のハウスマン検定は、ランダム効果モデルの個体特有効果ならびに誤差項が i.i.d. であることが前提となるため、後述のとおり誤差についてのクラスター・ロバスト推定を行う本稿では用いることができないが、代替的な検定方法として Wooldridge のロバスト・ハウスマン検定を用いることができる（筒井ほか、2011および Hoechle, 2007）。
17) 本稿の推定式は自己資本比率を被説明変数としており、レバレッジ（負債÷総資産）を導く DeAngelo and Stulz（2015）の定式化とは説明変数の符号は逆になる。

表6-1 サンプル集計比較

Country	Unique banks	Bank-years	Unique banks	Bank-years
AUSTRIA	6	37	8	44
BELGIUM	2	8	5	29
DENMARK	23	265	11	77
FINLAND	2	13	3	30
FRANCE	6	71	29	168
GERMANY	5	53	12	123
GREECE	5	41	8	53
IRELAND	2	23	5	43
ITALY	13	89	30	223
LUXEMBOURG	1	3	4	34
NETHERLANDS	1	12	4	35
PORTUGAL	4	43	5	62
SPAIN	6	74	13	133
SWEDEN	4	31	4	40
UNITED KINGDOM	8	83	17	121
UNITED STATES OF AMERICA	100	862	169	1,200
合計	188	1,708	327	2,415

出所：Gropp and Heider（2010）

模上位100行、EU15か国の商業銀行と銀行持株会社からも同様に上位100行を選択し、パネルデータを構成している。本稿では「対象の時間を通じた変化を捉えることができ経済行動を分析する上で非常に有益」（北村、2005、第2章）なパネルデータ分析のメリットを享受すべく、2004年時点の米国の上場商業銀行および銀行持株会社の資産規模上位100行とEU15か国の同様の上位100行を選択、同じ銀行および持株会社について時系列データを1991年まで可能な限り遡って得ることでパネルデータを構成する[19]。表6-1のサンプル集計比較のとおり、本稿のサンプル数は銀行数で Gropp and Heider

---

18) 2004年までとしている理由は、Basel IIの導入と2007年から2009年にかけての金融危機に先立つオフバランス取引拡大の影響を排除するためとされている。
19) 本稿で用いた Bankscope のデータセットにおいて、2004年時点の EU の上場銀行は全部で104行、うち異常値控除後、各説明変数についてサンプルが確保できたものは後述のとおり88行に留まる。なお、Gropp and Heider（2010）ではこれに加えて、破綻・被合併行の過去データが削除される Bankscope のデータ特性によるサンプル脱落の歪みを回避するため、各年末時点で保蔵した Bankscope の過去データを用いている。過去データの蓄積を持たない本稿では不可能だが、同論文ではその survivorship bias についても言及されている（1994年時点で存在した銀行のうち、12%は2004年の Bankscope のデータセットでは存在しない）。

表6-2 基本統計量比較

	平均	標準偏差	平均	標準偏差
Assets (m$)	62,900	156,000	64,100	126,000
Profits	0.049	0.028	0.051	0.019
Leverage	0.911	0.052	0.926	0.029

注1：Profits ＝（税引前当期利益＋資金調達費用）/ 総資産
　　　Leverage ＝ 1－(純資産 / 総資産)
出所：Gropp and Heider (2010)

表6-3 記述統計量

	平均	中央値	標準偏差	最大	最小
純資産比率	0.089	0.080	0.052	0.508	0.022
Tier1 比率	0.116	0.103	0.056	0.481	0.044
資金運用利回り	0.074	0.074	0.026	0.263	0.000
資金調達利回り	0.042	0.037	0.027	0.465	0.000
経費率	0.033	0.029	0.021	0.182	0.000
ln(総資産)	15.721	15.592	2.343	21.118	7.830
貸出比率	0.554	0.598	0.194	0.978	0.000
預金比率	0.618	0.667	0.211	0.927	0.000

(2010) の 6 割弱、銀行×期間（年数）で 7 割程度となっているが、Gropp and Heider (2010) で掲げられた基本統計量と、定義を合わせて算出した本稿のサンプルのそれとを比較すると (表6-2)、平均・標準偏差をみる限り似かよっており、サンプル特性に大きな差異はないと考えられる。他にマクロ経済変数である各国の GDP 成長率のデータは、IMF の World Economic Outlook のデータベースから取得した。

改めて本稿の分析に用いたデータの記述統計量は表6-3のとおりである。統計的に外れ値が結果を歪めてしまうことを避けるべく、各変数について平均から±4×標準偏差を外れるサンプルは除外した[20]（北村、2005、第2章）。

表6-4は各変数間の相関係数である。資金運用利回りと資金調達利回りの相関係数が0.607と比較的高いが、各説明変数の VIF（Variance Inflation Fac-

---

20) 本処理のあとでも各変数において最小値が 0 となるものがある。欧米（特に欧）の銀行業のビジネスモデルは日本のそれに比し多様であり、銀行持株会社であったり商業銀行業務を行っていながらも、保険や投資銀行・資産運用業務の占める割合が大きかったり、売掛債権・不良債権や環境保護への投資を専門に手掛ける等、預貸をほとんど持たない銀行が存在する。このサンプル特性は Gropp and Heider (2010) も同様と推測される。

表6-4 相関係数

	純資産比率	Tier1比率	資金運用利回り	資金調達利回り	経費率	ln（総資産）	貸出比率	預金比率
純資産比率	1.000							
Tier1比率	0.708	1.000						
資金運用利回り	0.137	0.015	1.000					
資金調達利回り	−0.240	−0.119	0.607	1.000				
経費率	0.275	0.028	0.241	−0.152	1.000			
ln（総資産）	−0.625	−0.527	−0.254	0.198	−0.283	1.000		
貸出比率	0.206	−0.259	0.215	−0.063	0.135	−0.186	1.000	
預金比率	0.383	0.171	0.163	−0.330	0.334	−0.503	0.235	1.000

表6-5 VIF

	VIF	1/VIF
資金運用利回り	2.41	0.414
資金調達利回り	2.49	0.401
経費率	1.14	0.879
ln（総資産）	1.29	0.776
貸出比率	1.16	0.862
預金比率	1.46	0.687
VIFの平均	1.66	

tor：分散拡大要因）を計測したところ（表6-5）、多重共線性の存在が疑われる10を超える説明変数は存在せず（1/VIF＝トレランスでも0.1を下回る変数はない）、本データセットにおいては多重共線性の影響は小さいと考えられる。

2.3 分析

推定結果を表6-6に示す。左3列が Cap_{it} として純資産比率を用いた推定であり、左から順にPooled-OLS推定、二元配置固定効果推定、ランダム効果推定の結果である。右3列はTier1比率を用いた推定であり、同じく左からPooled-OLS推定、二元配置固定効果推定、ランダム効果推定の結果となっている。

まず純資産比率について、銀行別の固定効果、および時点別の固定効果に関するF検定の結果、それぞれ帰無仮説については棄却される。またロバスト・ハウスマン検定の結果、固定効果と説明変数の相関がない（＝ランダム効果が適切）との帰無仮説は10％水準で棄却され、最終的に二元配置固定効果推定が採択される。推定結果についてはGDP成長率が1％水準で有意

表6-6　推定結果：全体の推定結果

	純資産比率			Tier1 比率		
	Pooled-OLS	二元配置固定効果	ランダム効果	Pooled-OLS	二元配置固定効果	ランダム効果
資金運用利回り	−0.035 (0.166)	−0.049 (0.115)	−0.002 (0.122)	−0.052 (0.153)	−0.060 (0.111)	−0.036 (0.115)
資金調達利回り	−0.087 (0.176)	−0.001 (0.040)	−0.013 (0.042)	−0.027 (0.178)	0.049 (0.031)	0.053 (0.032)
経費率	0.500* (0.275)	1.048** (0.436)	0.844** (0.401)	−0.270 (0.278)	0.338 (0.510)	0.203 (0.491)
ln（総資産）	−0.010*** (0.001)	−0.005 (0.004)	−0.008*** (0.001)	−0.016*** (0.002)	−0.006 (0.006)	−0.013*** (0.002)
貸出比率	−0.009 (0.017)	−0.011 (0.015)	−0.012 (0.013)	−0.142*** (0.023)	−0.104*** (0.021)	−0.120*** (0.022)
預金比率	−0.008 (0.016)	0.001 (0.017)	0.006 (0.011)	−0.010 (0.022)	0.015 (0.021)	0.004 (0.017)
GDP 成長率	−0.003** (0.001)	−0.003*** (0.001)	−0.003*** (0.001)	−0.002 (0.002)	−0.002** (0.001)	−0.002** (0.001)
定数項	0.236*** (0.028)	0.146** (0.067)	0.198*** (0.026)	0.469*** (0.048)	0.256*** (0.089)	0.391*** (0.040)
銀行別効果 F 検定（$Prob>F$）		0.000			0.000	
時点別効果 F 検定（$Prob>F$）		0.000	0.000		0.000	0.000
ロバスト・ハウスマン検定（$Prob>F$）			0.057			0.170
Frac. of variance due to u_i		0.763	0.698		0.849	0.792
サンプル数	1,708	1,708	1,708	1,406	1,406	1,406
修正済み決定係数	0.351	0.223	0.351	0.414	0.174	0.402
銀行数		188	188		161	161

注1：括弧内は標準誤差を表す。銀行別にクラスタリングしたロバスト補正を行っている。
注2：＊＊＊、＊＊、＊はそれぞれ有意水準1％、5％、10％を示す。
注3：モデル選択の検定結果から、純資産比率については二元配置固定効果推定、Tier1比率についてはランダム効果推定を採択。

な他、経費率の係数が5％水準で有意。ただし経費率の符号は DeAngelo and Stulz（2015）の定式化とは逆となった。次に Tier1比率についてだが、F 検定の結果、銀行別・時点別の固定効果についての帰無仮説は棄却されるが、ロバスト・ハウスマン検定の結果は10％水準でも帰無仮説を棄却できず、最終的にランダム効果推定が採択される。推定結果については ln（総資

表6-7 記述統計量（米国）

	平均	中央値	標準偏差	最大	最小
純資産比率	0.089	0.085	0.027	0.258	0.027
Tier1比率	0.119	0.111	0.041	0.437	0.064
資金運用利回り	0.073	0.076	0.018	0.263	0.009
資金調達利回り	0.037	0.036	0.026	0.465	0.003
経費率	0.034	0.031	0.017	0.174	0.006
ln(総資産)	15.852	15.475	1.643	21.118	12.277
貸出比率	0.585	0.632	0.178	0.918	0.000
預金比率	0.711	0.731	0.143	0.927	0.017

表6-8 記述統計量（EU）

	平均	中央値	標準偏差	最大	最小
純資産比率	0.088	0.066	0.068	0.508	0.022
Tier1比率	0.111	0.086	0.072	0.481	0.044
資金運用利回り	0.074	0.070	0.032	0.236	0.000
資金調達利回り	0.047	0.039	0.027	0.197	0.000
経費率	0.032	0.027	0.025	0.182	0.000
ln(総資産)	15.592	15.827	2.870	20.968	7.830
貸出比率	0.523	0.564	0.205	0.978	0.000
預金比率	0.526	0.555	0.227	0.925	0.000

産）、GDP 成長率が有意な他は、貸出比率が1％水準で有意。貸出比率の符号は負であり、Diamond and Rajan（2000）や DeAngelo and Stulz（2015）のモデルの想定とは逆となった。

　Gropp and Heider（2010）は一般企業の実証分析結果の銀行への当てはまりをみたもので、Cap_{it} についてもどちらかといえば純資産比率をメインに分析しているが、すでに1990年末より BIS 規制（バーゼルⅠ）が適用されており、以降国際的に活動する銀行にとっては BIS 規制に基づく自己資本比率が主な操作・目標変数になっていたと考えられる。BIS 規制は、銀行の資産を主に信用リスクに応じてウェイト付けし自己資本を賦課する仕組みであり、貸出比率が高いほど Tier1比率が低下する上記推定結果はこの BIS 規制の算定手法と整合的と考えられる（純資産比率についても統計的に有意ではないものの符号は負となっている）。

　Gropp and Heider（2010）では米国と EU のサンプルを合わせてパネルデータを構成、回帰分析を行っているが、もともとユニバーサルバンキングの伝統のある欧州（大陸）と商業銀行主義の考え方が強い米国では、本稿で分

表6-9 推定結果：米国の推定結果

	純資産比率			Tier1 比率		
	Pooled-OLS	二元配置固定効果	ランダム効果	Pooled-OLS	二元配置固定効果	ランダム効果
資金運用利回り	−0.099	−0.138	−0.022	−0.141	−0.328 *	−0.129
	(0.159)	(0.135)	(0.113)	(0.130)	(0.182)	(0.218)
資金調達利回り	−0.162	−0.046	−0.051	−0.065	0.023	0.024
	(0.116)	(0.030)	(0.032)	(0.084)	(0.014)	(0.017)
経費率	−0.013	0.322 **	0.158	−0.330 **	−0.043	−0.142
	(0.172)	(0.161)	(0.099)	(0.143)	(0.199)	(0.198)
ln(総資産)	−0.004 ***	0.006 *	−0.000	−0.013 ***	−0.007	−0.011 ***
	(0.002)	(0.004)	(0.002)	(0.002)	(0.004)	(0.002)
貸出比率	0.005	−0.014	−0.019	−0.104 ***	−0.094 ***	−0.112 ***
	(0.029)	(0.015)	(0.015)	(0.021)	(0.024)	(0.026)
預金比率	−0.002	0.014	0.014	−0.043 *	0.063 ***	0.020
	(0.019)	(0.016)	(0.011)	(0.025)	(0.022)	(0.022)
定数項	0.167 ***	−0.013	0.101 ***	0.434 ***	0.260 ***	0.368 ***
	(0.046)	(0.068)	(0.036)	(0.046)	(0.078)	(0.056)
銀行別効果 F 検定 ($Prob>F$)		0.000			0.000	
時点別効果 F 検定 ($Prob>F$)		0.000	0.000		0.000	0.000
ロバスト・ハウスマン検定($Prob>F$)			0.000			0.000
Frac. of variance due to u_i		0.851	0.771		0.857	0.641
サンプル数	862	862	862	787	787	787
修正済み決定係数	0.084	0.130	0.066	0.352	0.197	0.332
銀行数		100	100		88	88

注1：括弧内は標準誤差を表す。銀行別にクラスタリングしたロバスト補正を行っている。
注2：***、**、*はそれぞれ有意水準1％、5％、10％を示す。
注3：モデル選択の検定結果から、いずれの推定も二元配置固定効果を採択。

析対象とする預貸金や資金収益の構造に関しては異質なグループである可能性がある。「サンプルの異質性が高い場合には、それを無視して全体の推定を行うよりも、サンプルをある程度カテゴリー化して、それぞれのカテゴリーの中で推定を行う方が望ましい」（北村、2009、第6章）ことから、上記(1)式の推定を米国とEUとに分けて行った結果が表6-9、6-10である（米国とEUとサンプルデータを分けた記述統計量については表6-7、6-8のとおり）。なお、時点別の固定効果を使用しているため、米国についてはGDP成長率は説明

表6-10 推定結果：EU の推定結果

	純資産比率			Tier1 比率		
	Pooled-OLS	二元配置固定効果	ランダム効果	Pooled-OLS	二元配置固定効果	ランダム効果
資金運用利回り	−0.039 (0.417)	−0.473 (0.389)	−0.332 (0.347)	0.101 (0.702)	−0.269 (0.445)	−0.339 (0.365)
資金調達利回り	0.025 (0.549)	0.465 (0.374)	0.354 (0.333)	−0.125 (0.879)	0.190 (0.471)	0.274 (0.336)
経費率	0.708 (0.458)	1.259** (0.498)	1.127** (0.520)	−0.744 (1.145)	0.770 (0.736)	0.628 (0.757)
ln（総資産）	−0.011*** (0.002)	−0.016** (0.006)	−0.011*** (0.002)	−0.019*** (0.003)	−0.005 (0.010)	−0.015*** (0.002)
貸出比率	−0.018 (0.025)	0.010 (0.026)	0.004 (0.021)	−0.190*** (0.039)	−0.117*** (0.028)	−0.132*** (0.030)
預金比率	−0.026 (0.018)	−0.004 (0.022)	−0.001 (0.017)	−0.018 (0.025)	−0.037 (0.027)	−0.036 (0.026)
GDP 成長率	−0.001 (0.001)	−0.003*** (0.001)	−0.003*** (0.001)	0.000 (0.002)	−0.002** (0.001)	−0.002** (0.001)
定数項	0.258*** (0.033)	0.314*** (0.115)	0.230*** (0.034)	0.549*** (0.065)	0.270 (0.168)	0.452*** (0.056)
銀行別効果 F 検定 ($Prob>F$)		0.000			0.000	
時点別効果 F 検定 ($Prob>F$)		0.007	0.000		0.011	0.000
ロバスト・ハウスマン検定($Prob>F$)			0.240			0.011
Frac. of variance due to u_i		0.783	0.677		0.855	0.803
サンプル数	846	846	846	619	619	619
修正済み決定係数	0.470	0.325	0.464	0.478	0.206	0.442
銀行数		88	88		73	73

注1：括弧内は標準誤差を表す。銀行別にクラスタリングしたロバスト補正を行っている。
注2：***、**、*はそれぞれ有意水準1％、5％、10％を示す。
注3：モデル選択の検定結果から、純資産比率についてはランダム効果推定、Tier1比率については二元配置固定効果推定を採択。

変数として採用していない。

　まず米国の結果（表6-9）であるが、検定の結果採択された二元配置固定効果推定をみると、純資産比率については ln（総資産）が10％水準で有意な他は経費率が5％水準で有意。経費率の符号は全体のパネルデータと同様、定式化された DeAngelo and Stulz（2015）のモデルとは異なる。一方、Tier1比

率については貸出比率と預金比率が1％水準で有意。貸出比率の符号は全体のパネルデータの結果と同様、BIS規制の算定手法と整合的だが、預金比率はTier1比率に正の影響を与えており、流動性プレミアムの存在を前提に預金増加を資本構成決定の主要因とするDeAngelo and Stulz（2015）のモデルに沿った推定結果となった。また資金運用利回りが10％水準で有意となったが符号は負であり、DeAngelo and Stulz（2015）のモデルよりも、高レバレッジの銀行によるリスクテイク的行動を想定するDiamond and Rajan（2000）、および銀行の貸出先企業に対するモニタリングが金利と資本によってインセンティブ付けされ、貸出金利と自己資本の水準が負の相関にあるとするAllen et al.（2011）のモデルに沿った結果となった。

次にEU（表6-10）の結果のうち純資産比率については、ロバスト・ハウスマン検定の結果10％水準でも帰無仮説は棄却できず、最終的にランダム効果推定が採択される。有意な係数はln（総資産）とGDP成長率の他は経費率であり（5％水準）、経費率の符号は全体のパネルデータ同様、正の値となった。Tier1比率については、ロバスト・ハウスマン検定の結果5％水準で帰無仮説を棄却、二元配置固定効果推定が採択される。有意な係数はGDP成長率と貸出比率であり（前者は5％、後者は1％水準）、貸出比率の符号はBIS規制算定手法と整合的な結果となった。

2.4 米国・EUの銀行のグループ分け

大陸を中心にユニバーサルバンキングを志向する欧州と商業銀行モデルの伝統が根強い米国とは異質なグループと考えられるが、さらにEUの銀行は、業務を展開する地域について米銀に比べ銀行間の異質性が高い。EU域外で業務展開する銀行が多く[21]、米国を含む多様な地域と顧客で形成されたバランスシートをもとに自己資本の最適化を行うEUの銀行の分析のためには、よりカテゴリー分けを工夫する必要があると考えられる。Bankscopeではセグメント情報がないため、本稿ではバーゼル銀行監督委員会で用いら

21）2004年時点でBankscopeにデータのあるEUの全上場銀行104行のうち、同じくBankscopeにある当該行のHPやアニュアルレポートから取った主な業務地域についての情報をみると、2015年版ではあるが北米を業務地域とする銀行は18行、北米以外のEU域外を掲げる銀行は別に15行ある。これに対し、本稿のサンプルである米銀100行のうち、米国外を主な業務地域として掲げる銀行は7行に止まる。

表6-11 記述統計量（米国グループ別）
Group 1 銀行

	平均	中央値	標準偏差	最大	最小
純資産比率	0.078	0.076	0.024	0.209	0.027
Tier1比率	0.092	0.084	0.021	0.171	0.064
資金運用利回り	0.071	0.075	0.020	0.141	0.009
資金調達利回り	0.044	0.042	0.034	0.465	0.011
経費率	0.039	0.033	0.019	0.174	0.017
ln（総資産）	18.292	18.194	1.205	21.118	15.176
貸出比率	0.502	0.612	0.258	0.859	0.000
預金比率	0.612	0.641	0.166	0.877	0.017

Group 2 銀行

	平均	中央値	標準偏差	最大	最小
純資産比率	0.092	0.088	0.027	0.258	0.030
Tier1比率	0.125	0.117	0.042	0.437	0.065
資金運用利回り	0.074	0.077	0.017	0.263	0.024
資金調達利回り	0.035	0.035	0.023	0.386	0.003
経費率	0.033	0.030	0.016	0.140	0.006
ln（総資産）	15.200	15.126	1.009	18.247	12.277
貸出比率	0.608	0.639	0.141	0.918	0.000
預金比率	0.734	0.754	0.127	0.927	0.077

れる区分である、国際的に活動する銀行を指す「Group1銀行」とそれ以外の「Group2銀行」[22]に分けて推定を行った。

表6-11に米国の「Group1銀行」と「Group2銀行」の記述統計、表6-12にはEUの「Group1銀行」と「Group2銀行」の記述統計を掲げた。双方とも「Group1銀行」の純資産比率・Tier1比率は「Group2銀行」よりも総じて低いことがわかる。

まず表6-13に米銀についてグループ別に推定を行った結果を掲げた。紙面の都合上Pooled-OLS推定の掲載は省略し、固定効果およびランダム効果の推定結果を示している。検定の結果、いずれも二元配置固定効果推定が採択されている。純資産比率については「Group1銀行」「Group2銀行」ともに資金調達利回りが有意で、符号もDeAngelo and Stulz（2015）の最適資本構成と整合的。またすでに検証したいずれのカテゴリー（全体、米国、EU）にお

---

[22]「Group1銀行」とは基本的項目（Tier1自己資本）の額が30億ユーロ以上の銀行を指し、「Group2銀行」はGroup1銀行に含まれない銀行を指す。この定義については、例えばBasel Committee on Banking Supervision（2006）を参照。

表6-12 記述統計量（EUグループ別）

Group 1 銀行

	平均	中央値	標準偏差	最大	最小
純資産比率	0.048	0.044	0.018	0.152	0.024
Tier 1 比率	0.077	0.076	0.018	0.144	0.044
資金運用利回り	0.066	0.064	0.028	0.160	0.001
資金調達利回り	0.050	0.047	0.021	0.121	0.016
経費率	0.023	0.022	0.014	0.165	0.000
ln(総資産)	18.687	18.806	1.137	20.968	15.689
貸出比率	0.511	0.528	0.153	0.845	0.000
預金比率	0.442	0.430	0.181	0.925	0.000

Group 2 銀行

	平均	中央値	標準偏差	最大	最小
純資産比率	0.110	0.089	0.075	0.508	0.022
Tier 1 比率	0.140	0.111	0.087	0.481	0.049
資金運用利回り	0.078	0.074	0.034	0.236	0.000
資金調達利回り	0.045	0.035	0.030	0.197	0.000
経費率	0.038	0.032	0.028	0.182	0.003
ln(総資産)	13.914	13.433	1.997	18.125	7.830
貸出比率	0.530	0.590	0.228	0.978	0.000
預金比率	0.573	0.629	0.236	0.910	0.000

いても有意だった経費率は、「Group2銀行」でのみ有意で符号は他のカテゴリー同様正の値となった。資金調達利回りが純資産比率に与える影響度合いが「Group1銀行」と「Group2銀行」とで大きく差があることも注目される。経費率についても、「Group1銀行」では有意ではないものの影響度合いの差が顕著であることから、総じて米銀については「Group2銀行」のほうが、収益構造の違いがレバレッジに大きく影響するといえそうである。一方Tier1比率については、「Group1銀行」「Group2銀行」ともに米銀全体と同様に貸出比率および預金比率がともに有意で符号も米銀全体の推定結果と同様だが、「Group1銀行」ではこれに加えて経費率も1％水準で有意な上、符号はDeAngelo and Stulz（2015）の最適資本構成に沿う負の値となった。このことは国際的に活動する米銀大手行は、最適Tier1比率達成のために貸出を落とし預金を獲得するとともに、経費効率化を行うことを示している。

次にEUの銀行のグループ別の推定結果を表6-14にみる。10％水準でロバスト・ハウスマン検定における帰無仮説を棄却し、すべての推定で二元配置固定効果推定が採択される。純資産比率について「Group1銀行」では有意

表6-13 推定結果：米国のグループ別の推定結果

	純資産比率				Tier1 比率			
	Group 1 銀行		Group 2 銀行		Group 1 銀行		Group 2 銀行	
	固定効果	ランダム効果	固定効果	ランダム効果	固定効果	ランダム効果	固定効果	ランダム効果
資金運用利回り	0.050 (0.288)	0.197 (0.223)	-0.079 (0.156)	-0.018 (0.137)	0.218 (0.351)	0.512 (0.349)	-0.144 (0.279)	-0.116 (0.319)
資金調達利回り	-0.030*** (0.008)	-0.031*** (0.008)	-0.240** (0.098)	-0.198** (0.082)	0.009 (0.006)	0.018** (0.009)	-0.390 (0.463)	-0.244 (0.471)
経費率	0.017 (0.270)	0.157 (0.134)	0.406** (0.170)	0.209 (0.135)	-0.505*** (0.125)	0.177 (0.280)	-0.040 (0.229)	-0.302 (0.187)
ln（総資産）	-0.000 (0.004)	-0.003 (0.003)	0.009* (0.005)	0.002 (0.003)	-0.011*** (0.002)	-0.011*** (0.003)	-0.007 (0.007)	-0.012*** (0.005)
貸出比率	0.010 (0.019)	0.013 (0.019)	-0.022 (0.019)	-0.026 (0.017)	-0.065*** (0.019)	-0.078*** (0.026)	-0.109*** (0.031)	-0.129*** (0.035)
預金比率	0.018 (0.024)	0.024 (0.017)	0.008 (0.020)	0.006 (0.014)	0.055*** (0.017)	0.019 (0.016)	0.063** (0.030)	0.010 (0.028)
定数項	0.082 (0.075)	0.109* (0.059)	-0.046 (0.089)	0.071 (0.061)	0.305*** (0.048)	0.302*** (0.066)	0.265** (0.110)	0.404*** (0.085)
銀行別効果 F 検定 ($Prob>F$)	0.000		0.000		0.000		0.000	
時点別効果 F 検定 ($Prob>F$)	0.000	0.000	0.000	0.000	0.002	0.000	0.000	0.000
ロバスト・ハウスマン検定 ($Prob>F$)		0.000		0.000		0.000		0.000
Frac. of variance due to u_i	0.745	0.554	0.843	0.776	0.940	0.393	0.848	0.619
サンプル数	172	172	690	690	154	154	633	633
修正済み決定係数	0.408	0.551	0.138	0.023	0.366	0.620	0.211	0.267
銀行数	17	17	83	83	15	15	73	73

注1：括弧内は標準誤差を表す。銀行別にクラスタリングしたロバスト補正を行っている。
注2：＊＊＊、＊＊、＊はそれぞれ有意水準1％、5％、10％を示す。
注3：モデル選択の検定結果から、いずれの推定も二元配置固定効果を採択。

な係数はGDP成長率のみ、Tier1比率についても「Group1銀行」で有意な係数はGDP成長率と貸出比率の2変数に限られるが、「Group2銀行」では純資産比率については経費率が5％水準で有意（符号は正）。またTier1比率について「Group2銀行」は貸出比率および預金比率が5％水準で有意となった。しかも預金比率の符号は米銀とは逆の負となっており、このことは米銀とは対照的にEUの「Group2銀行」は、預金をレバレッジ拡大要因である負債と捉えていることを示唆している。

表6-14 推定結果：EUのグループ別の推定結果

	純資産比率				Tier1比率			
	Group 1 銀行		Group 2 銀行		Group 1 銀行		Group 2 銀行	
	固定効果	ランダム効果	固定効果	ランダム効果	固定効果	ランダム効果	固定効果	ランダム効果
資金運用利回り	0.407 (0.248)	0.602*** (0.219)	−0.578 (0.452)	−0.438 (0.388)	0.317 (0.261)	0.556* (0.296)	−0.553 (0.592)	−0.754* (0.444)
資金調達利回り	−0.312 (0.205)	−0.490*** (0.175)	0.498 (0.446)	0.445 (0.365)	0.015 (0.256)	−0.227 (0.283)	0.076 (0.743)	0.453 (0.452)
経費率	0.349 (0.215)	0.169 (0.199)	1.197** (0.493)	1.083** (0.524)	0.083 (0.419)	−0.061 (0.362)	1.003 (0.628)	0.786 (0.702)
ln(総資産)	0.002 (0.006)	−0.001 (0.003)	−0.022*** (0.008)	−0.016*** (0.003)	−0.004 (0.003)	−0.005** (0.002)	−0.015 (0.017)	−0.022*** (0.004)
貸出比率	0.009 (0.010)	0.011 (0.010)	0.019 (0.041)	0.004 (0.032)	−0.089*** (0.022)	−0.080*** (0.020)	−0.120** (0.052)	−0.138*** (0.044)
預金比率	−0.008 (0.012)	−0.003 (0.011)	0.011 (0.030)	0.007 (0.020)	0.002 (0.025)	0.011 (0.018)	−0.082** (0.039)	−0.074** (0.031)
GDP成長率	−0.002*** (0.000)	−0.001*** (0.000)	−0.065 (0.185)	−0.022** (0.010)	−0.001* (0.001)	−0.001 (0.001)	−0.077 (0.253)	0.052 (0.234)
定数項	−0.000 (0.118)	0.037 (0.065)	0.391*** (0.128)	0.310*** (0.052)	0.181*** (0.063)	0.204*** (0.050)	0.477* (0.238)	0.584*** (0.074)
銀行別効果F検定 (Prob>F)	0.000		0.000		0.000		0.000	
時点別効果F検定 (Prob>F)	0.000	0.000	0.000	0.000	0.000	0.000	0.000	0.000
ロバスト・ハウスマン検定 (Prob>F)		0.052		0.000		0.000		0.013
Frac. of variance due to u_i	0.636	0.510	0.771	0.669	0.679	0.539	0.811	0.782
サンプル数	311	311	535	535	283	283	336	336
修正済み決定係数	0.174	0.530	0.354	0.324	0.436	0.280	0.249	0.373
銀行数	29	29	59	59	28	28	45	45

注1：括弧内は標準誤差を表す。銀行別にクラスタリングしたロバスト補正を行っている。
注2：***、**、*はそれぞれ有意水準1％、5％、10％を示す。
注3：モデル選択の検定結果から、いずれの推定も二元配置固定効果を採択。

2.5 分析結果に基づく議論とインプリケーション、今後の課題

　上記のとおり、本稿ではコーポレート・ファイナンスの理論に基づく説明変数とマクロ経済変数、個々の銀行の観察されない異質性をコントロールした上で、銀行のバランスシート構造が銀行の資本構成を説明できるかを、推定に際してのカテゴリー分けを工夫することで検証した。まず貸出比率につ

いて、バランスシート構造から銀行の資本構成を説明する理論（Diamond and Rajan, 2000; DeAngelo and Stulz, 2015）では、貸出比率と自己資本比率で正の相関が想定されていたが、そのような関係は検証されなかった。一方、Tier1比率については、貸出比率は全体・米国およびEU、さらにそれら地域における銀行グループ別のいずれにおいても負の影響を与えている。BIS規制は信用リスクに応じて資本賦課される仕組みであり、この枠組みがTier1比率達成に向けた銀行の貸出比率調整行動を規定していることがわかる。

　次に預金比率については、貸出比率同様、純資産比率には有意な影響が検証されなかったが、Tier1比率には米銀とEUの「Group2銀行」とで対照的な結果が検証された。最適Tier1比率達成のために米銀は預金を獲得もしくは預金以外の市場調達を圧縮する可能性がある。DeAngelo and Stulz（2015）のモデルは預金の流動性プレミアムの存在と預金増加によるプレミアム獲得を資本構成決定の主要因としている。Tier1比率についての米銀の推定結果はこれと整合的である他、預金による銀行の資本構成の規律付け[23]である可能性もあり注目される。一方、EUの「Group2銀行」は米銀とは対照的に最適Tier1比率達成のために預金を含めた負債の圧縮もしくは預金以外でのレバレッジ拡大（とそれを通じた収益獲得）を目指すことが検証された。すでに述べたとおり、米銀はEUの銀行に比し域外での業務展開が少なく、またEUの「Group2銀行」はEUにおいて相対的に国際展開していない。それぞれの域内で主に業務展開する銀行グループにおいて、預貸金に代表されるバランスシート構造が有意にTier1比率に影響を与えつつも、米国とEUで対照的な預金調整行動がみられることを検証したことは本稿の貢献である。このことは例えば国際的に一律に自己資本規制を強化した場合、少なくともEUでは銀行の預貸を通じた金融仲介機能が減退する可能性があることを示唆している[24]。

　コーポレート・ファイナンスに基づく説明変数のうち、DeAngelo and

---

[23] 預金による銀行経営の規律付けについては、本稿第1節で紹介したDiamond and Rajan（2000）以外にもCalomiris and Kahn（1991）がある。
[24] 純資産比率を被説明変数とする推計結果において、米国とEUとで総資産の影響について符号が逆になっているのも、米国・EU間での対照的な預金・バランスシート調整行動の反映と考えられる。

Stulz（2015）のモデルも踏まえて構成要素別に検証した収益についても、興味深い分析結果が得られた。まず資金運用利回りについて、理論研究では自己資本比率と負の相関を想定するモデル（Diamond and Rajan, 2000; Allen et al., 2011）と正の相関を想定するモデル（DeAngelo and Stulz, 2015）の双方があったが、本稿の実証分析では米銀全体のカテゴリーにおいて10％水準で有意（値は負）となった他は有意な関係はみられなかった。一方、資金調達利回りについては、米国の「Group1銀行」と「Group2銀行」の両カテゴリーで有意に純資産比率に負の影響を与えており、しかも係数の値も両カテゴリー間で顕著な差がみられた。中堅以下の米銀については調達力の差が大きく資本構成に影響を与えている。さらに経費率については、米国およびEUの「Group1銀行」を除くカテゴリー（すなわちサンプル全体・米銀全体・EU全体および米国・EUの「Group2銀行」）で、純資産比率に対し有意に正の影響を与えている。本稿で分析する経費率は金融仲介コストと同義[25]であり、仲介コストを要する銀行がより厚く資本を保持している結果となった。DeAngelo and Stulz（2015）のモデルでは経費効率化による資本構成最適化行動が想定されているが、本稿の検証ではTier1比率についての米国の「Group1銀行」のみがこれに沿う動きとなった。仲介コストの銀行資本構成への影響についての本稿の検証結果は今後の理論研究上の課題を示唆するものといえる。

　総じて預貸金のバランスシート構造は純資産比率ではなく、規制によって枠組みが与えられるTier1比率に対し影響を与えており（米国の「Group1銀行」については経費効率化も）、払込資本と利益蓄積からなる純資産比率には、むしろ資金調達力や金融仲介コストといった収益構造のほうが影響を与えている。最終的に銀行別固定効果の説明力（fraction of variance due to bank fixed effects）は、Gropp and Heider（2010）の検証結果では92％と高かったが、本稿の検証結果では純資産比率・Tier1比率双方について、米国の「Group1銀行」以外は85〜68％にまで低下した[26]。また米国およびEUのグループ別の銀行のTier1比率については、コーポレート・ファイナンスの理論に基づく

25）本稿で分析する経費率は、一般的に財務分析で用いられる「粗利益に占める経費の割合」ではないことに改めて留意する必要がある。伝統的な金融理論において金融仲介の必要性は仲介コストの存在と銀行による規模の経済に求められている（Mishkin, 2015, 80-81）。本稿の経費率の定義（経費÷総資産平残）はこの仲介コストを表すと考えられる。

説明変数に預貸のバランスシート構造の説明変数を加えることで、修正済決定係数は4.1～16.4％上昇している[27]。純資産比率についてコーポレート・ファイナンスに基づく説明変数（収益）の内訳を解明できたことと、バランスシート構造を説明変数に追加することによりTier1比率について説明力の一定の向上をみたことは本稿の貢献である。しかし上記にもかかわらず、ユニバーサルバンキングを志向し積極的に国際展開するEUの「Group1銀行」については、純資産比率・Tier1比率ともに本稿の実証モデルでは統計的に有意な係数は他のカテゴリーに比し相対的に少なく、当てはまりは限定的なものに留まった。このカテゴリーの資本構成決定要因のさらなる解明は今後の課題となる。

3. 結論

コーポレート・ファイナンスにおけるMM理論や最適資本構成の理論は自己資本規制が課される銀行については適用されないとされてきたが、実際には銀行は最低所要水準を大きく上回る資本を保有しまたその水準も銀行ごとにかなりバラつきがある。Gropp and Heider（2010）は、一般企業の実証研究で蓄積されてきた最適資本構成の理論に基づく実証モデルの銀行への当てはまりを検証した結果、銀行の資本構成の決定要因について従来考えられていたよりも一般企業との類似性が高いことを示した。しかし同時に同論文では、それらコーポレート・ファイナンスにおける説明変数の説明力が、一般企業におけるそれと同様限定的であることも明らかになった。本稿は近年提示されてきた、銀行の資本構成をバランスシート構造から説明する理論からインプリケーションを得て、コーポレート・ファイナンスの実証モデルに説明変数を追加することで、銀行の資本構成の決定要因について説明できていない部分の解明を目指した。加えて標準的なコーポレート・ファイナンスの説明変数のうち、収益についても上記理論研究を踏まえて要素別に分解

---

[26] この残る部分は預貸金以外の業務を含む個々の銀行の経営戦略やビジネスモデル、リスク選向やリスクカルチャー等による部分と考えられる。

[27] 貸出比率・預金比率を推定式から除いて回帰した時の修正済み決定係数は、米国の「Group1銀行」「Group2銀行」、EUの「Group1銀行」「Group2銀行」の順にそれぞれ二元配置固定効果推定の場合で、0.211、0.144、0.272、0.208となった。

し、その影響度合いを特定することを試みた。

　本稿の貢献は、銀行が資産のみならず預金調達も含めたバランスシートの構造、金融仲介コストや資金調達コスト等の効率性や収益性をも勘案の上、資本構成を決定していることを明らかにした点である。本稿の検証を通じ、払込資本と利益蓄積からなる純資産比率と、規制によって枠組みが与えられるTier1比率とでは、資本構成を決定する要因が異なっていることも示唆された。前者については経費率や資金調達コストが影響を与えているのに対し、後者については貸出や預金の調整が自己資本比率達成の要因となっている。加えてコストの影響の度合いや預金による調整の仕方が、米国とEU、さらに大手行とそれ以外でも異なっていることも明らかとなった。

　リーマンショック後、自己資本規制の抜本的強化が目指されているが、「バーゼルⅢ」と称される新しい自己資本規制も、資産サイドを勘案した所要資本量の算定という基本的コンセプトは変わらない。しかし本稿の結果のとおり、銀行は資産のみならず預金等の負債や収益構造も含めて自らの自己資本を最適化しており、またその手法やプロセスも国や地域、採用するビジネスモデルによって異なっている。これらを勘案せず、一律に資本水準を高める規制強化を行うことは銀行の最適行動を歪め、金融仲介機能の減退や非効率的な金融仲介行動の助長等、思わぬ悪影響をもたらす可能性すらある。多様な経営環境やビジネスモデルを踏まえた多角的かつバランスのとれた規制の在り方に関する議論を深める必要があるといえる。

参考文献

Allen, F., Carletti, E., and Marquez, R. (2011) "Credit market competition and capital regulation," *Review of Financial Studies*, 24(4), 983-1018.

Basel Committee on Banking Supervision (2006) *Results of the fifth quantitative impact study* (QIS5).

Berger, A. N., Herring, R. J. and Szegö, G. P. (1995) "The role of capital in financial institutions," *Journal of Banking and Finance*, 19(3), 393-430.

Bertrand, M. and Schoar, A. (2003) "Managing with Style: The Effect of Managers on

Firm Policies," *The Quarterly Journal of Economics*, 118(4), 1169-1208.

Calomiris, C. W. and Kahn, C. M. (1991) "The role of demandable debt in structuring optimal banking arrangements," *The American Economic Review*, 81(3), 497-513.

DeAngelo, H. and Stulz, R. M. (2015) "Liquid-claim production, risk management, and bank capital structure: Why high leverage is optimal for banks," *Journal of Financial Economics*, 116(2), 219-236.

Diamond, D. W. and Dybvig, P. H. (1983) "Bank runs, deposit insurance, and liquidity," *The journal of political economy*, 91(3), 401-419.

Diamond, D. W. and Rajan, R. G. (2000) "A theory of bank capital," *The Journal of Finance*, 55(6), 2431-2465.

Diamond, D. W. and Rajan, R. G. (2001) "Liquidity Risk, Liquidity Creation, and Financial Fragility: A Theory of Banking," *Journal of Political Economy*, 109(2), 287-327.

Flannery, M. J. and Rangan, K. P. (2008) "What caused the bank capital build-up of the 1990s?" *Review of Finance*, 12(2), 391-429.

Frank, M. Z. and Goyal, V. K. (2007) Corporate Leverage: How Much Do Managers Really Matter?. *SSRN Working Paper Series*.

Frank, M. Z. and Goyal, V. K. (2009) "Capital structure decisions: which factors are reliably important?" *Financial management*, 38(1), 1-37.

Gropp, R. and Heider, F. (2010) "The determinants of bank capital structure," *Review of Finance*, 14(4), 587-622.

Hoechle, D. (2007) "Robust standard errors for panel regressions with cross-sectional dependence," *Stata Journal*, 7(3), 281-312.

Lemmon, M. L., Roberts, M. R. and Zender, J. F. (2008) "Back to the beginning: persistence and the cross-section of corporate capital structure," *The Journal of Finance*, 63(4), 1575-1608.

Mishkin, F. S. (2015) *The economics of money, banking, and financial markets* (11th Edition). Pearson education.

Modigliani, F. and Miller, M. H. (1958) "The cost of capital, corporation finance and the theory of investment," *The American economic review*, 48(3), 261-297.

Petersen, M. A. (2009) "Estimating standard errors in finance panel data sets: Comparing approaches," *Review of financial studies*, 22(1), 435-480.

Rajan, R. G. and Zingales, L. (1995) "What do we know about capital structure? Some evidence from international data," *The journal of Finance*, 50(5), 1421-1460.

加藤涼・敦賀貴之（2012）「銀行理論と金融危機——マクロ経済学の視点から」日本銀行

金融研究所『金融研究』31(4), 95-134頁。
北村行伸（2005）『パネルデータ分析』岩波書店
北村行伸（2009）『ミクロ計量経済学入門』日本評論社
酒井良清・前多康男（2003）『新しい金融理論』有斐閣
筒井淳也・平井裕久・水落正明・秋吉美都・坂本和靖・福田亘孝（2011）『Stata で計量経済学入門』ミネルヴァ書房

第III部

企業行動とコーポレート・ガバナンス

第7章

わが国における負債の節税効果の利用

日本政策投資銀行　岡本 弦一郎

はじめに

　負債比率の最適水準を決定するのは、自己資本および他人資本の費用と便益である。例えば、自己資本には、企業の安全性を高めるという便益があるが、資本コストが高いという費用も付随する。一方、他人資本は、期待倒産費用を増加させる反面、利払いによる節税効果という便益を有する。本章では、これらのうち、他人資本の便益である利払いの節税効果に着目し、実際にわが国の企業が節税効果の利用を考慮に入れて資本構成の決定を行っているのかどうかを明らかにする。

　企業が自身の資本構成をいかに決定するべきかという問題は、企業金融の分野において最も重要な研究課題のひとつである。Modigliani and Miller (1963) は、法人税の存在により、負債の利用に伴う利払いが節税効果を通じて企業に便益をもたらすことを理論的に示した。一方、Kraus and Litzenberger (1973) 等は、倒産費用の概念を導入することで、負債の節税効果とのトレードオフにより最適資本構成が決まると主張している。これらの理論的背景を踏まえた上で、現在、資本構成の決定要因に関する実証分析において一定の合意形成を得ているのは、Frank and Goyal (2009) である。彼らの分析によれば、収益性、企業規模、成長性、資産特性、産業、期待イン

フレ率の 6 つの要素が負債比率の決定において重要な役割を果たすとされている。これらの変数のうち、法人税の存在と関係するのは、収益性と期待インフレ率である。収益性の高い企業は、課税所得が多いため、利払いによる節税の誘因が高まり、結果として負債比率が上昇すると予想される[1]。一方、期待インフレ率が高い場合、課税控除の実質価値が大きくなるため、企業は、負債比率を高めることで積極的に節税効果を享受するものと予想される。

しかし、資本構成の決定要因に関する実証分析において、より直接的に法人税率の影響が観察されることは少ない。これは、企業の財務的意思決定に影響を与えるのは、法人税率ではなく、その企業が直面する限界税率であるからである。企業は、将来に生じうるすべての状態において法人税を支払うわけではない。課税所得がゼロ以下の場合には、企業に法人税の支払い義務はない。また、欠損金の繰越控除や繰戻還付の制度により、企業が支払う法人税額は、過去および将来の収益状況に依存する。以上の要因から企業が直面する限界税率を定量的に捉えることは困難であると考えられてきた。この課題に対して Graham (2000) は、将来収益をシミュレーションした上で、企業が各年度において直面する限界税率を測定することで、企業の負債利用の積極性を計測できることを示した。また、國枝 (2010) は、この限界税率が、将来における負債比率の変化に有意な影響を与えることを突き止め、資本構成の決定に対して節税効果が影響を与えることを示した。

その一方で節税効果の影響を分析する上で限界税率を用いることが本当に適切なのかという点には、議論の余地がある。例えば同じ限界税率に直面している場合であっても、その限界税率を維持したまま、どの程度の利払いを負担できるのかによって、潜在的な節税便益は大きく異なるはずである。限界税率が同一であっても潜在的な節税便益の大きさが異なれば、節税効果の享受を目的として資本構成を変更することの誘因も変化するものと考えられる。本章では、Graham (2000) に従い、わが国の上場各社の将来収益をシミュレーションした上で、企業が各年度において直面する限界税率を測定す

---

1) ただし、実際には、収益性と負債比率は負の関係にある。これは、企業が利益の蓄積による負債比率の低下を受動的に許容する影響が節税の誘因を上回るためと考えられる。

る。次にこの限界税率を用いて、期待倒産費用を上昇させることなく節税効果を享受できる余地がどの程度残されているのかを計測し、この指標が資本構成に与える影響を長期のパネルデータで分析する。また、どのような企業がより節税効果の利用に積極的であるのかを明らかにするため、企業の所有構造や取締役構成等に着目し、これらが節税効果の利用に与える影響を分析する。企業価値向上に対する意識が強い企業ほど、節税効果の利用に積極的であることが示されれば、企業の資本構成には、最適水準が現実に存在することの証左となるものと考えられる。

　本章の構成は、以下のとおりである。まず第1節では、法人税と資本構成の関係に焦点を当てた先行研究を紹介する。続く第2節では、本章の仮説を提示し、この検証において中心的な役割を果たす潜在的節税便益という概念について解説する。第3節では、分析に用いる変数を定義し、その傾向を観察する。第4節でわが国における資本構成選択と法人税、コーポレート・ガバナンスの関係を実証分析し、最後に第5節で結論と課題を述べる。

1．節税効果の先行研究

　本節では、節税効果と企業価値の間にどのような関係があるのかを明らかにするにあたり、法定実効税率を τ_{es}、利子課税率を τ_p、配当と株式譲渡益に課される平均的な税率を τ_e とする。企業が1円の利子を債権者に支払った場合、債権者が受け取る税引き後の所得は、$1-\tau_p$ である。一方、この1円を株主への還元に向けた場合、株主が受け取る税引き後の所得は、$(1-\tau_{es})(1-\tau_e)$ である。そのため、株主への還元ではなく、債権者への利払いを行うことによる純粋な便益は、$(1-\tau_p)-(1-\tau_{es})(1-\tau_e)$ と表現できる。ここで企業が保有する負債を D とし、その負債に課される金利が r_D である場合、負債利用による純粋な便益は、$\{(1-\tau_p)-(1-\tau_{es})(1-\tau_e)\}r_D D$ となる。ゆえに負債を保有した場合の企業価値は、次式で表現可能である。ただし、V_L は負債を利用した場合の企業価値、V_U は負債を利用しない場合の企業価値、$PV[\cdot]$ は現在価値を表す。

$$V_L = V_U + PV[\{(1-\tau_p)-(1-\tau_{es})(1-\tau_e)\}r_D D] \quad (1)$$

Modigliani and Miller（1958）は、税金、エージェンシー費用、倒産費用、情報の非対称性が存在しない完全競争の世界において、企業の財務的意思決定が企業価値に影響を与えないことを示した。これは、節税効果と企業価値の関係を表す(1)式においては、$\tau_{es} = \tau_p = \tau_e = 0$であるため、$V_L = V_U$となることを意味する。これに対して Modigliani and Miller（1963）は、利払いが課税控除され、引き続き個人に課される税金が存在しない場合（$\tau_p = \tau_e = 0$）、法人税の存在は、節税効果を通じて企業に便益をもたらすことを(2)式により示した。彼らは、課税控除のリスクは、それを生む負債のリスクと同一と考えて節税効果の現在価値を算出している。

$$V_L = V_U + \tau_{es} D \quad (2)$$

　(2)式に従えば、企業価値は、負債の発行量に比例して増大することから、必要となる資金のすべてを負債により調達することが企業価値最大化の条件であることがわかる。しかし負債の利用には費用が付随する。Kraus and Litzenberger（1973）と Scott（1976）は、負債の増加に伴い期待倒産費用が増大する点に着目し、負債の節税効果とのトレードオフにより最適資本構成が決まると主張した。また、Jensen and Meckling（1976）は、エージェンシー費用、Myers（1977）は、負債の利用による過少投資問題に言及している。

　その一方で、Gruber and Warner（1977）は、過去の倒産事例を用いて倒産の直接費用を計測し、総資産に対する直接費用の割合は、企業規模の拡大に伴い低下することを示した。このことから、大企業にとって負債の利用は、必ずしも期待倒産費用の増加にはつながらないため、より節税便益を追求することが望ましい可能性がある。これに対して Miller（1977）は、倒産費用が存在しない場合においても、一定の条件の下で個人所得税の存在を勘案すれば、節税効果の便益が相殺され、MMの無関連性命題が成立しうると主張している。彼が示したフレームワークによれば、利払いによる節税という企業レベルでみた便益は、個人レベルでの課税という費用に等しいため、企業の財務的意思決定が企業価値に影響を与えることはない。

　以上のように節税効果が企業価値に与える影響の大きさについては、議論が分かれている。その理由のひとつとしては、節税効果を規定する限界税率が現在および将来の財政状態・収益状況によって変化する点が挙げられる。

負債に課される利払いが課税控除となる場合、利払いの増加は、節税効果の拡大という便益となり、この時、企業が直面する限界税率こそが負債の限界便益である。しかし、この限界便益は一定ではなく、法定実効税率、非負債の課税控除、将来時点における欠損の発生確率等の関数である。すなわち、これらの要素によって企業が負債の発行により節税を行う誘因の大きさが変化する。Miller（1977）が企業にとっての限界便益を法人税率 τ_c に等しく一定であると仮定したのに対し、DeAngelo and Masulis（1980）は、利払いの限界便益が減価償却控除、税還付、欠損金といった非負債の課税控除の増加に伴って低下すると指摘し、Kim（1989）は、課税所得がゼロ以下の時は、利払いが節税効果を生まないことから、限界便益は、利払い額の増加に伴って減少すると主張している。

　以下では、税金の存在が企業価値や負債比率の決定にいかなる影響を与えるのかという観点から先行研究を概観する。節税効果は、企業価値向上に寄与するのかという問題を検証するために、Masulis（1980）は、貸借対照表の規模を変化させない負債と自己資本の置き換えに着目し、これが企業価値に与える影響を分析した。分析の結果、自己資本に代えて負債を増加させた場合、株価が平均して7.6％上昇する一方、負債に代えた自己資本の増加は、株価を平均して5.4％低下させることが示された。また、Masulis（1983）は、株式リターンを負債発行量の変化に回帰し、その係数が法定実効税率に近い値であることを発見している。しかし、Masulis（1980）の議論に対しては、多くの批判が存在する。Myers（1984）は、最適な負債比率と比較して負債比率が高い水準にある場合、負債による自己資本の置き換えは、企業価値を毀損するはずだと主張している。また、その他の多くの先行研究において、負債と自己資本の置き換えによる株価への影響は、必ずしも節税によるものではないことが指摘されている。Fama and French（1998）は、より直接的な分析として、企業価値を利払いに回帰した際の係数が有意に正の値をとらないことから、節税効果は、企業価値決定における重要性が低いと主張している。

　一方、節税効果が企業価値に与える影響を分析する別のアプローチとしては、Graham（2000）による限界税率の推定が挙げられる。彼は、将来収益をシミュレーションすることで、欠損金の繰越控除や繰戻還付等の影響を加

味した、企業が直面する限界税率を推定し、実際に節税によって企業が得た価値を算出している。1980～1994年の米国企業のデータを用いた分析の結果、企業価値の約9～10％程度が節税効果によるものであることがわかった。また、企業が適正水準と比べて負債比率を低水準に抑えることにより逸している価値は、企業価値の10.5％にも上ると指摘している。

次に節税効果は、負債比率の決定に影響を与えるのかという問題に関する先行研究を概観する。前述したとおり、利払いの限界便益は、非負債の課税控除、将来時点における欠損の発生確率の減少関数である。Bradley *et al.* (1984) は、負債比率を非負債の課税控除に回帰することで、間接的に節税効果と負債比率の関係を分析している。非負債の課税控除と利払いが代替関係にあるという仮説が真である場合、非負債の課税控除は、負債の利用を減少させるはずである。しかし分析の結果、非負債の課税控除が負債の利用を減少させるという事実は観察されなかった。このことから、利払いの限界便益は、必ずしも非負債の課税控除の増加に伴って低下するとは限らない可能性が示唆された。この可能性に対し、MacKie-Mason (1990) は、非負債の課税控除の大部分が投資の税還付であり、投資の税還付が大きい企業は課税所得も大きいことを根拠に、非負債の課税控除は、負債比率を低下させる要因とはなりえないとし、負債の節税効果こそが負債比率の決定要因として重要であると主張した。

また節税効果と負債比率の関係を考察する研究をサポートするものとして、税制の変更が負債比率に与える影響を調査した研究もこの分野において非常に有益である。先行研究の多くがクロスセクションで税金の効果を分析したのに対し、Givoly *et al.* (1992) は1986年の税制変更、Chetty and Saez (2005) は2003年の税制変更の影響を分析し、それぞれ、税率の低下が負債比率の低下につながることを示している。

日本において節税効果が資本構成に与える影響を分析した研究としては、國枝 (2010) が挙げられる。彼は、Graham (2000) に従い限界税率を推定した後、2005年度から2007年度のデータを用いて、負債比率の変動を限界税率に回帰した。分析の結果、限界税率が高い企業ほど、将来時点において負債比率を上昇させることがわかり、資本構成の決定に対して節税効果が影響を与えることが示された[2]。

以上のように、節税効果が企業価値や負債比率の決定に対して一定程度の影響を有することがわかっている一方、その影響の大きさについては、先行研究により見解の相違が存在している。また、潜在的な節税便益を測る変数として単に限界税率を用いることが適切なのかという点にも疑問が残る。加えて、負債比率の上昇は必ずしも負債の増加とは一致しないため、節税効果の利用拡大を示す変数としては不十分かもしれない。日本のデータを用いた研究についてもその蓄積が乏しいことから、節税効果と資本構成の関係を明らかにするためには、さらなる研究の蓄積が必要と考えられる。

2．仮説と検証方法

2.1 仮　説

　本章の目的は、わが国の企業が資本構成の決定において節税効果の利用を考慮に入れているのかどうかを明らかにすることにある。日本企業を対象とした先行研究においては、國枝（2010）が限界税率を用いた負債比率変動の説明を試みているが、資本構成を決定する要因は、必ずしも限界税率そのものとは限らない。同じ限界税率に直面している場合であっても、その限界税率を維持したまま、どの程度の利払いを追加的に負担できるのかによって、潜在的な節税便益は、大きく異なる。そのため、節税効果を意図してどの程度、負債の利用を増加させるのかという問題は、潜在的な節税便益がどの程度残されているのかに依存すると考えられる。よって本章では、以下の仮説1を設定する。

仮説1：潜在的な節税効果の増加余地が大きい企業は、将来時点において負債の利用を増加させる。

2.2 検証方法

　本項では、潜在的な節税便益の大きさを測定するにあたって、まずGraham（2000）に従い、限界税率の測定方法を示す。前述したとおり、課税所

2）ただし、一部のクロスセクション分析のみで得られた結果であり、パネルデータでは、有意な影響が観察されていない。

得がゼロ以下の場合には、企業に法人税の支払い義務はない。また、欠損金の繰越控除や繰戻還付の制度により、企業が支払う法人税額は、過去および将来の収益状況に依存する。ゆえに、限界税率を測定するためには、企業の将来の課税所得に関する情報が追加的に必要となる。本章における課税所得は、Graham（1996）に倣い、ドリフトを持った以下の疑似ランダムウォークに従うものとする。ただし、$\Delta EBIT$ は $EBIT$（税引き前利益と利払い額の和）の階差、μ は過去の $\Delta EBIT$ の平均とゼロのうち大きい値、ε は平均ゼロで分散が過去の $\Delta EBIT$ の分散と等しい正規分布に従う乱数である。

$$\Delta EBIT_{i,t} = \mu_i + \varepsilon_{i,t} \quad (3)$$

各企業・年度において $\Delta EBIT$ のシミュレーションを行い、将来の課税所得を計算する。なお、2017年11月現在、わが国における欠損金の繰越控除は最大9年間であるため、課税所得の予測も9期先まで行う。次に得られた予想課税所得と過去の事業年度における欠損金の繰越控除を勘案し、法定実効税率を用いて各時点における法人税額を計算した上で、これを現在価値に割り戻す。ただし、T は法人税額、割引率 $r_{i,0}$ は当該企業・年度の平均利子率であり、F は当該年度の欠損金の繰越控除が可能な期間である[3]。

$$PV(tax|EBIT_0 = x) = \sum_{t=0}^{F} \frac{T_{i,t}}{(1+r_{i,0})^t} \quad (4)$$

続いて当該企業・年度の $EBIT$ が1単位増えた場合の法人税額の現在価値 $PV(tax|EBIT_0 = x+1)$ を同様に求め、両者の差を求める。この差分は、$EBIT$ が1単位増えた場合の法人税額の現在価値の増分であり、この値こそが企業の直面する限界税率である。このシミュレーションを50回繰り返すことで、各企業・年度につき50個の限界税率を計算し、この平均値を $MTR_{i,t}$ と定義する。

ここで留意したい点は、企業による利払いの増加につれて、将来の課税所得がゼロ以下となる可能性が上昇することである。ゆえに、利払いの水準によって企業が直面する限界税率は変化することになる。そのため、本章で

---

3) 割引率は、当期の利払い額を有利子負債の期首期末平均で除した値として定義した。ただし、割引率は、国債9年ものの流通利回りを下限として設定した。

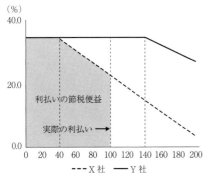 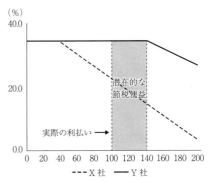

図7-1　利払いによる節税の限界便益曲線

は、利払いが実際の水準の α％であると想定した各場合について上記の限界税率の計算を行い、それぞれの限界税率を $MTR_{it}^{\alpha\%}$ と定義する[4]。

図7-1は、横軸を実際の利払い額に対する仮想的な利払い額の割合 α としてX社とY社が直面する限界税率をプロットした限界便益曲線である。X社の限界便益曲線は、実際の利払い額の40％の地点から右肩下がりとなっている。一方、Y社の限界便益曲線は、実際の利払い額を示す地点（100％の地点）ではフラットであり、右肩下がりとなるのは、実際の利払い額の140％の地点からである。つまりX社は、限界便益曲線が下落し始める地点を超えるまで利払いを負担しており、その意味で多くの節税効果を享受している。これに対してY社は、追加的に利払いを負担しても限界便益曲線の下落が始まらないことから、利払いによる節税効果を享受する余地を多く残している。左図の灰色部分は、X社が実際に享受している節税便益である。一方、右図の灰色部分は、Y社が追加的な費用負担なしで享受できる潜在的な節税便益である。

図7-1から得られる示唆は、以下の2点である。1点目は、限界便益曲線がフラットである利払いの範囲においては、将来にわたって企業の課税所得がゼロ以下となる可能性がきわめて低い、すなわち、倒産確率を上昇させることなく節税効果を享受できるということである。2点目は、限界便益曲線

4）αは、0％から始まり、20％刻みで最大1000％の値をとるものとする。

の下落地点における仮想的な利払い額の割合 α が100％を超過する場合には、将来収益の水準および変動と比較して企業が保守的な負債利用を行っており節税効果を享受する機会を一部放棄しているということである。本項は、Graham（2000）に倣い、限界便益曲線の下落地点における仮想的な利払い額の割合 α を K と定義する。つまり K は、現在の利払い額と比較した、倒産確率の上昇という費用負担なしに追加的に節税効果を享受できる利払い額の割合の最大値を示している。以上を踏まえると、負債の利用による潜在的な追加的便益が十分に認められる場合、これが将来における負債の増加に寄与する可能性は高い。本章では、追加的な費用負担をすることなく享受できる節税便益額を総資産額で基準化した値を潜在的な節税効果を測る変数（潜在的節税便益比率）として用いることとし、翌期の負債比率をこの変数に回帰することで、節税効果の利用が資本構成に与える影響を検証する。

2.3 補完的な仮説

理論的に節税効果の利用は、企業価値を向上させる。そのため、企業価値向上に対する意識が強い企業ほど、潜在的な節税便益を享受することを目的として負債を利用する可能性がある。本章では、企業価値向上に対する意識が強い企業の特性として、①経営者が株主の視点に立って経営を行っていること、②社外取締役の導入が進んでいること、③外国人持株比率が高いこと、④市場競争が激しい業種であることの 4 点に着目する[5]。

所有と経営の分離が行われた現代の企業においては、所有者と経営者の間に利害の不一致が生じる場合がある。企業の所有者たる株主は、自身が投じた資本から得られる収益の最大化を追求するのに対し、経営者は、必ずしも株主利益の最大化を目指さず、自己の便益を高める経営を行う可能性がある。このような利害対立を緩和し、株主の視点に立って経営を行うように経営者を規律付けするためには、経営者の持株比率を高めることが有効である。佐々木・米澤（2000）は、経営者持株比率の上昇が企業価値を高めると

5）日本においては、企業のガバナンス主体のひとつとしてメインバンクの存在が議論になることが多い。しかし、株式市場や経営者によるガバナンスの目的が企業価値の最大化であるのに対して、銀行によるガバナンスの目的は、債権保全であるため、本章では、分析の対象外とする。

指摘している[6]。

　2001年の商法改正により社外取締役制度が導入されたことを契機として、近年は、その企業価値への影響に対する関心が高まっている。社外取締役は、生え抜きの役員とは異なり、その企業の慣習に囚われない柔軟な意思決定が可能だと考えられる。宮島・小川（2012）は、企業情報の獲得が容易な企業においては、社外取締役の選任が企業価値を引き上げる可能性が高いと主張している[7]。

　所有者と経営者の間に生じる利害の不一致を緩和させる手段としては、経営者に対して強いモニタリングを可能な主体が株式を保有することも有効だと考えられる。わが国におけるモノ言う株主の代表としては外国人株主が挙げられる。米澤・宮崎（1996）は、外国人持株比率が経営効率を向上させることを実証的に指摘し、製造業を対象として分析を行った佐々木・米澤（2000）は、外国人株主の存在が企業価値を高めることを示した[8]。

　また、市場競争が激しい業種に属する企業ほど、企業価値向上への意識が強い可能性がある。一般的に市場競争による規律付けは、生産効率の上昇をもたらすと考えられるが、同様に資本効率の向上にも寄与する可能性がある。堀内・花崎（2004）は、市場競争が株主や銀行以上に有効な規律付けメカニズムである可能性を検証するために、製造業と非製造業の両方を対象として、市場競争の強さが企業経営の効率性に対していかなる影響を与えるのかを分析している。分析結果より、彼らは、特に製造業において、市場競争が強い産業に属する企業ほど経営効率が向上すると指摘している。

　以上のような特徴を有する企業、すなわち、企業価値向上に対する意識が

6）一方、経営者持株比率の過度な高まりは、エントレンチメントの問題を引き起こし、企業価値を毀損する可能性がある。手嶋（2004）は、佐々木・米澤（2000）と同様に経営者持株比率が企業価値の向上につながることを示したが、持株比率が20％を超えるとこの効果は逆転し、企業価値を低下させると指摘した。

7）一方、社外取締役が規定を満たすための形式的な存在であり、経営に関する情報が十分に得られない場合、逆に経営の意思決定速度を低下させるおそれがある。三輪（2010）は、取締役会における社外取締役の割合の増加は、企業の将来収益に対して有意な影響を与えないとしている。ただし、三輪（2010）の分析対象期間は、社外取締役の導入が本格的に始まる前である2004年から2008年であるため、社外取締役の効果について結論付けるにはさらなる検証が必要だと指摘している。

8）一方、宮島ほか（2004）によれば、外国人持株比率は、全要素生産性の向上に寄与するものの、1997年度以降、その効果は弱まっていると指摘している。

強い企業ほど、節税効果の利用に積極的であることが示されれば、それは企業が目標とする資本構成の最適水準が現実に存在することの証左となる。ゆえに本章は、仮説1の補完を目的として、以下の仮説2を設定する。

> **仮説2**：企業価値向上に対する意識が強い企業ほど、潜在的な節税効果の増加余地が将来時点における負債利用の増加につながる。

3．データと変数

3.1 データ

本章が分析の対象とするのは、わが国の全上場企業であり、分析期間は、1980年4月期から2013年3月期である。ただし、日経業種分類において、銀行、証券、保険、その他金融、ガス、電力に該当する企業は除く。使用するデータは、財務情報、株式関連情報、消費者物価指数であり、それぞれ、日本政策投資銀行「企業財務データバンク2014年版」、日本経済新聞社「NEEDS-FinancialQUEST」、総務省統計局ウェブサイトから取得した。

欠損値の処理については、以下の基準に従う。財務情報については、総資産、負債合計、純資産、売上高、営業利益、経常利益、純利益が欠損の場合は、サンプルから除外し、その他の勘定科目が欠損の場合にはゼロを代入した。株式関連情報については、株価（月次終値）または発行済み株式数（決算期末）が欠損の場合は、サンプルから除外した。ただし、月中に取引がなかったという理由で株価が欠損の場合は、過去に遡って最新の月次終値を代わりに用いた。

本章は、負債の利用状況を示す変数として簿価ベースの負債比率を用いる[9]。なお、簿価ベースの負債比率は、有利子負債総額を負債純資産合計で除した値であり、有利子負債総額は、長短借入金と社債の合計である。ただし、負債比率は、純資産額の変動によっても変化するため、負債比率の上昇が必ずしも負債利用の結果とは限らない。そのため、2つ目の変数として負債発行ダミーを定義する。負債発行ダミーは、翌期の有利子負債総額が今期

---

9) 株価による負債比率の変動といった、節税効果の利用とは無関係なノイズが含まれるため、時価ベースの負債比率は用いない。

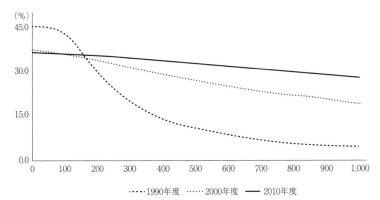

出所：株式会社日本政策投資銀行「企業財務データバンク」より筆者作成
図7-2　各年度における平均的な限界便益曲線

の有利子負債総額より大きい場合に1、そうでない場合に0をとるダミー変数である。負債比率の上昇と異なり、この変数が1をとれば確実に負債が増加していることとなる[10]。

3.2 潜在的な節税便益

図7-2には、1990、2000、2010の各年度における対象企業全社の平均的な限界便益曲線を示している。限界便益曲線における、利払いがゼロの場合の限界税率は、おおよそ法定実効税率に近い値となっている。限界便益曲線の傾きは、1990年度が最も急であり、2010年度が最も緩やかである。これは、時代とともに節税効果を積極的に享受する企業が少なくなっていることを示している。その理由としては、負債依存度や金利の低下が挙げられる。近年、無借金企業の増加に代表されるように、財務的機動性の確保や投資機会の不足により、企業の負債依存度は年々低下している。また、20世紀末から始まるゼロ金利政策の影響により借入金利が低下したことによって、負債利用による節税効果の価値が相対的に低下している。このように限界税率は、

---

10) 頑健性を担保するために、翌期の有利子負債の増分が企業規模と比較して3％以上である場合にのみ1をとる負債発行ダミー、3期後の有利子負債総額が今期の有利子負債総額より大きい場合に1をとる負債発行ダミー、3期後の有利子負債の増分が企業規模と比較して3％以上である場合にのみ1をとる負債発行ダミーを用いた分析も行っているが、おおむね同様の結果が得られたため結果の掲載は省略している。

時点により大きく異なっている。そのため、利払いによる節税効果が資本構成に与える影響を観察する上では、パネルデータを用いた分析が重要となる。

では企業は、どの程度の節税効果を享受してきたのであろうか。企業が利払いを通じて享受している節税便益は、$0 \leq \alpha \leq 100$ の部分における限界便益曲線の下側の部分の面積として測定することができる。本章では、簡便に次式でこれを計算する。

$$節税便益_{i,t} = \frac{r_D D}{5} \sum_{n=1}^{5} MTR_{i,t}^{20n\%} \quad (5)$$

図7-3には、総資産に対する節税便益の割合として定義した節税便益比率の推移を示した。節税便益比率は、1982年度の15.3%をピークに低下基調にあり、2012年度には6.6%となっている。また、負債の利用規模が小さい新規上場企業の増加による影響を除去するために、対象期間において継続して上場していた155社に絞って同様に節税便益比率の平均を計測したが、この傾向に大きな違いはなかった。この漸減傾向は、米国と同様であり、その水準も同程度となっている。このように節税便益比率が低下している要因としては、①負債依存度の低下、②金利の低下、③法定実効税率の低下が考えられる。また、景気の減退局面においては、課税所得の縮小も影響していると予想される。

続いて企業に残された節税を行う余地の大きさを観察する。前述したとおり、限界便益曲線がフラットである利払いの範囲においては、期待倒産確率を上昇させることなくさらなる節税効果を享受できる。これは、限界便益曲線の低下が始まる地点が $\alpha = 100$ を超過している企業、すなわち、追加的な利払いに十分耐えうる収益性を有する企業は、負債利用に伴う費用の増大を負担せずに節税便益が得られるということである。よって企業が追加的な費用負担なしで享受できる潜在的な節税便益は、$100 \leq \alpha \leq K$ の部分における限界便益曲線の下側の部分の面積として測定することができる。本章では、簡便に次式でこれを計算する。

出所:株式会社日本政策投資銀行「企業財務データバンク」より筆者作成
図7-3 節税便益比率の推移

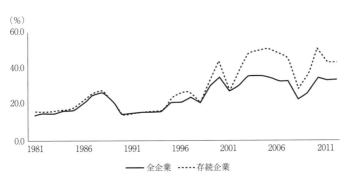

出所:株式会社日本政策投資銀行「企業財務データバンク」より筆者作成
図7-4 潜在的節税便益比率の推移

$$\text{潜在的節税便益}_{i,t} = \max\left[\left\{\frac{r_D D}{5}\sum_{n=1}^{K/20} MTR_{i,t}^{20n\%} - \sum_{n=1}^{5} MTR_{i,t}^{20n\%}\right\}, 0\right] \quad (6)$$

　図7-4には、総資産に対する潜在的節税便益の割合で定義した潜在的節税便益比率の推移を示した。全企業ベースでみると、この割合は、ここ30年余りの間に大きく上昇し、2012年度においては、34.1%となっている。また、節税便益の測定と同様、対象期間において継続して上場していた155社に絞って節税便益比率の平均を計測したところ、この水準は、全社ベースで計測した場合と比べて、さらに大きく上昇していることがわかった。潜在的な節税余地は、わが国の企業にとって大きな成長機会であるといえる[11]。

第7章 わが国における負債の節税効果の利用　*159*

3.3 コントロール変数

　本章の主たる研究対象は、潜在的な節税便益が負債の利用に与える影響であるが、その他にも期待倒産費用、収益性、企業規模、成長性、資産特性、産業特性、期待インフレ率等、さまざまな要素が負債利用の決定要因となりうる。期待倒産費用が大きい企業は、倒産確率の低下を目的として負債の利用を控える傾向にあると予想される。期待倒産費用を構成する一要素である事前の倒産確率として、本章は、AltmanのZスコアを用いる。ただし、Zスコアは、MacKie-Mason (1990) による修正に従い、次式により算出することとする。

$$Z\text{スコア} = \frac{(EBIT \times 3.3 + 売上高 \times 1.0 + 利益剰余金 \times 1.4 + 運転資本 \times 1.2)}{総資産} \quad (7)$$

　収益性の高い企業は、課税所得が多いため、利払いによる節税の誘因が高く、結果として負債比率を低下させると予想される。しかし、先行研究においては、収益の受動的な蓄積による負債比率の低下が観察されている。本章においては、収益性の代理変数として総資本利益率を用いる。

　企業規模が小さい企業は、情報の非対称性が大きいため、証券発行による株式市場のネガティブな反応や高い借入費用を回避する傾向にある。そのため、外部資金より内部資金を選好すると予想される。本章は、大企業ほど情報の非対称性が小さく、借入の費用が小さいと考え、総資産の自然対数を企業規模の指標として用いる。

　また、成長性の大きい企業、すなわち、将来時点において正の収益をあげる投資機会が存在する企業にとって、負債の利用は費用となりうる。Myers (1977) は、投資機会から生じる収益の一部が債権者の取り分となる場合、企業が正の収益をあげる投資機会の実行を控える可能性があることを指摘している。本章は、将来時点における成長機会の代理変数として時価簿価比率を用いる。

　資産特性も資本構成に影響を与えると考えられる。担保化が容易な資産を

---

11) ここでは、投資の税還付をはじめとして、欠損金の繰越控除以外の課税控除の存在を捨象しているため、実際の潜在的節税便益は、これよりも低い水準となるものと予想される。

多く保有する企業は、負債発行の費用が小さい。担保化が容易な資産の代表例としては、有形固定資産が挙げられる。これは、担保としての評価および金融機関による回収が容易であるためである。本章は、有形固定資産が総資産に占める割合を担保の代理変数として用いる。また、企業が保有する資産の特性を規定する要因としては、研究開発の多寡が挙げられる。そのため、本研究では、売上高に対する研究開発費の割合で定義した研究開発費比率をコントロール変数に含める。

多くの先行研究において、負債比率の決定要因としての産業特性の重要性が指摘されている。本章は、日経産業中分類に従った産業ダミーを推定に用いる。また、期待インフレ率も負債比率の決定に影響を与えると考えられる。これは、課税控除の実質価値は期待インフレ率が高いほど大きくなるためである。また、経営者が負債発行を市況に合わせて決定するのであれば、現在と比べて将来の利子率が上昇すると考えられる時に負債を増加させるため、期待インフレ率と負債比率の関係は正にあると期待される。期待インフレ率は、消費者物価指数（生鮮食品を除く総合）の上昇率として定義する[12]。また、本章では、銀行借入比率をコントロール変数として分析に含める。銀行借入比率は、有利子負債に占める銀行借入の割合である。

3.4 ガバナンス変数

節税効果を利用する企業の特性を明らかにするために、本項では、節税効果に対する企業の認識の程度を代理する変数として、経営者持株比率、社外取締役比率、外国人持株比率、市場集中度を定義する。経営者持株比率は、発行済み株式数に対する取締役と監査役の持株の割合である。経営者の持株比率が高まると、株主との間の利害対立が緩和され、より企業価値向上に向けた経営が行われるものと予想される。しかし、一定水準を超えると持株比率の高まりが企業価値を毀損する可能性が生じる。これは、経営者によるエ

---

[12] 期待インフレ率の推定方法にはミシュキンの方法、カールソン・パーキン法などが存在するが、ここでは足許のインフレ率を期待インフレ率とみなす簡便法に拠った。簡便法に拠る理論的根拠は、インフレ率がドリフトをもたないランダムウォークに従うとすれば、インフレ率$_{t+1}$ ＝ インフレ率$_t$＋撹乱項$_{t+1}$ となり、この期待値をとればE（インフレ率$_{t+1}$）＝ インフレ率$_t$と表現できる点にある。すなわち、本項は「将来の値に関する最善の予測は現在の値である」という考えに依っている。

表7-1 基本統計量

	標本数	平均値	標準偏差	中央値	最小値	最大値
$MTR^{0\%}$	49,785	0.389	0.137	0.395	0.000	0.561
$MTR^{100\%}$	49,785	0.372	0.147	0.395	0.000	0.561
K	49,785	5.846	3.993	6.000	0.000	10.000
節税便益比率	49,785	0.092	0.076	0.078	0.000	0.247
潜在的節税便益比率	49,785	0.272	0.293	0.174	0.000	0.967
負債比率	49,785	0.256	0.182	0.241	0.000	0.606
負債発行ダミー	49,785	0.409	0.492	0.000	0.000	1.000
Zスコア	49,785	1.632	0.654	1.577	0.514	3.094
総資本利益率	49,785	0.060	0.040	0.055	−0.011	0.160
企業規模	49,785	17.860	1.360	17.721	15.436	20.548
時価簿価比率	49,785	1.116	0.363	1.037	0.648	2.259
有形固定資産比率	49,785	0.303	0.153	0.291	0.037	0.609
研究開発費比率	49,785	0.008	0.014	0.000	0.000	0.050
期待インフレ率	49,785	0.004	0.014	−0.001	−0.024	0.084
銀行借入比率	49,785	0.721	0.326	0.858	0.000	1.000
経営者持株比率	49,785	0.051	0.083	0.009	0.000	0.316
社外取締役比率	9,714	0.262	0.154	0.250	0.000	0.571
外国人持株比率	49,785	0.060	0.076	0.025	0.000	0.265
市場集中度	49,785	0.070	0.049	0.057	0.015	0.207

ントレンチメントの問題によるものである。本分析においても、経営者持株比率が節税効果の利用に対して与える影響が非線形であると考え、回帰分析により影響の正負が変化する臨界値を22.5%と推定した[13]。そのため、経営者持株比率が節税効果の利用に与える影響を推定する際には、持株比率が推定された臨界値を超えた場合に1をとるダミー変数 H を別途定義し、経営者持株比率との交差項をとる。社外取締役比率は、全取締役に占める社外取締役の割合である[14]。また、外国人持株比率は、発行済み株式数に占める外国人持株の割合である。いずれの変数もその値が上昇するほど、企業価値向上に向けた経営が行われるものと予想される。市場集中度は、各産業・各年度における売上高のハーフィンダール指数である。市場競争が激しい産業に属する企業ほど、企業価値向上に努めなければ存続が困難となる可能性が高い。表7-1には、潜在的節税便益比率をはじめとした負債利用に影響する変

---

[13] 手嶋 (2004) は、わが国においては、経営者持株比率が20%を超えたあたりから企業価値への影響が負になると指摘しており、本章による臨界値もこれと非常に近い。

[14] ただし、データ制約上、社外取締役比率は、2009年度以降のみの変数となっている。

数の基本統計量を示した。ただし、異常値の影響を除去するため、負債発行ダミー、期待インフレ率、市場集中度を除く各変数については、1パーセンタイル値を下回る値を1パーセンタイル値で、また99パーセンタイル値を上回る値を99パーセンタイル値で置き換えた。

4．実証分析

　表7-2は、簿価ベースの負債比率を潜在的節税便益比率や所有構造、取締役構成等に回帰した結果を示している。なお、すべての説明変数は1期のラグをとっており、回帰分析においては、通常の最小二乗法を用いた。分析の結果、列(1)の推定においては、潜在的節税便益比率の係数が有意に正の値をとっていることから、負債の保守的な利用により潜在的な節税効果の増加余地が大きい企業は、将来時点における負債比率が高いことが示された。列(2)から(5)の各分析においては、それぞれ説明変数に経営者持株比率、社外取締役比率、外国人持株比率、市場集中度を含めており、各変数と潜在的節税便益比率の交差項が本章の関心である。分析の結果、経営者持株比率が一定水準までは高い企業、社外取締役比率が高い企業、外国人持株比率が高い企業、そして市場競争が激しい産業に属する企業、すなわち、企業価値向上を強く意識した経営を行う企業ほど、潜在的な節税効果の増加余地が将来時点における負債比率の上昇につながることが示された。また、列(6)においては、社外取締役比率を除く各変数を同時に含めて推定しているが、同様の結果が得られている[15]。

　これらの結果は、仮説1および2を支持する結果にみえるが、負債比率の上昇と負債の利用増が同義ではない点に注意が必要である。これは、負債の利用額が変化しなくても、貸借対照表の圧縮等により負債比率が上昇することがありうるためである。実際に潜在的な節税効果の増加余地が負債利用につながっているのかどうかを確認するため、表7-3では、負債発行ダミーを潜在的節税便益比率やガバナンス変数等の1期ラグ値にロジットモデルで回帰した結果を示している。分析の結果、負債比率を被説明変数とした分析と

---

15) ここでは観測数を確保するために社外取締役比率を除いているが、これを含めても同様の結果が得られる。

表7-2　負債比率の決定と節税効果

	(1)	(2)	(3)	(4)	(5)	(6)
潜在的節税便益比率	0.106	0.081	0.149	0.083	0.160	0.103
	[9.35] ***	[7.24] ***	[11.18] ***	[6.08] ***	[7.21] ***	[4.61] ***
経営者持株比率		0.075				0.088
		[2.12] **				[2.08] **
潜在的節税便益比率×経営者持株比率		0.356				0.336
		[3.78] ***				[3.76] ***
潜在的節税便益比率×経営者持株比率×H		-0.036				-0.042
		[-0.56]				[-0.71]
社外取締役比率			-0.019			
			[-1.27]			
潜在的節税便益比率×社外取締役比率			0.040			
			[1.76] *			
外国人持株比率				-0.460		-0.485
				[-7.97] ***		[-9.00] ***
潜在的節税便益比率×外国人持株比率				0.267		0.340
				[3.19] ***		[4.35] ***
市場集中度					0.098	0.067
					[0.40]	[0.30]
潜在的節税便益比率×市場集中度					-0.825	-0.717
					[-3.29] ***	[-3.24] ***
Zスコア	-0.127	-0.129	-0.095	-0.123	-0.128	-0.125
	[-7.68] ***	[-7.71] ***	[-7.44] ***	[-8.17] ***	[-7.68] ***	[-8.16] ***
総資本利益率	-0.583	-0.598	-0.415	-0.467	-0.565	-0.466
	[-3.46] ***	[-3.52] ***	[-2.35] **	[-3.25] ***	[-3.31] ***	[-3.19] ***
企業規模	0.013	0.017	0.000	0.023	0.013	0.027
	[3.27] ***	[3.97] ***	[0.05]	[5.51] ***	[3.29] ***	[6.22] ***
時価簿価比率	0.033	0.035	0.086	0.045	0.032	0.047
	[2.81] ***	[3.23] ***	[3.38] ***	[3.70] ***	[2.82] ***	[4.23] ***
有形固定資産比率	0.076	0.073	0.111	0.064	0.073	0.058
	[1.59]	[1.59]	[3.42] ***	[1.44]	[1.57]	[1.41]
研究開発費比率	-0.665	-0.668	-0.896	-0.486	-0.693	-0.514
	[-2.54] **	[-2.57] **	[-4.39] ***	[-1.92] *	[-2.64] **	[-2.03] *
研究開発費欠損ダミー	0.012	0.010	0.007	0.013	0.010	0.009
	[1.07]	[0.90]	[1.25]	[1.17]	[0.91]	[0.85]
銀行借入比率	0.081	0.080	0.081	0.074	0.079	0.072
	[7.39] ***	[7.61] ***	[6.87] ***	[7.30] ***	[7.74] ***	[7.90] ***
定数項	0.244	0.179	0.162	0.029	0.236	-0.044
	[2.80] ***	[1.97] *	[2.94] ***	[0.33]	[2.28] **	[-0.43]
観測数	49,785	49,785	9,714	49,785	49,785	49,785
決定係数	0.46	0.47	0.51	0.47	0.46	0.49

注1：いずれの推定においても、説明変数には年度ダミーおよび産業ダミーが含まれている。
注2：上段は係数、下段の括弧内の値はt値、***、**、*はそれぞれ1％、5％、10％水準で有意であることを示す。
注3：標準誤差の算出に際し、産業レベルでクラスタリングを行っている。

表7-3 負債発行の決定と節税効果

	(1)	(2)	(3)	(4)	(5)	(6)
潜在的節税便益比率	0.581 [7.57]***	0.359 [4.80]***	0.710 [4.59]***	0.526 [6.49]***	0.702 [5.53]***	0.311 [2.44]**
経営者持株比率		0.316 [1.46]				0.247 [1.15]
潜在的節税便益比率 ×経営者持株比率		3.968 [5.99]***				4.150 [5.99]***
潜在的節税便益比率 ×経営者持株比率×H		−1.705 [−3.57]***				−1.728 [−3.43]***
社外取締役比率			0.014 [0.07]			
潜在的節税便益比率 ×社外取締役比率			−0.584 [−1.42]			
外国人持株比率				0.346 [1.99]**		0.126 [0.71]
潜在的節税便益比率 ×外国人持株比率				0.941 [2.45]**		1.565 [4.35]***
市場集中度					0.039 [0.04]	−0.031 [−0.03]
潜在的節税便益比率 ×市場集中度					−1.819 [−1.33]	−0.932 [−0.71]
Zスコア	0.164 [5.21]***	0.154 [4.45]***	0.169 [2.61]***	0.162 [5.11]***	0.162 [5.01]***	0.154 [4.34]***
総資本利益率	−2.742 [−5.14]***	−2.833 [−5.14]***	−1.633 [−1.49]	−2.905 [−5.62]***	−2.694 [−5.02]***	−2.938 [−5.42]***
企業規模	0.097 [7.03]***	0.124 [9.35]***	0.107 [4.66]***	0.078 [5.27]***	0.097 [6.99]***	0.105 [7.27]***
時価簿価比率	0.201 [4.15]***	0.220 [4.53]***	0.256 [2.17]**	0.175 [3.40]***	0.200 [4.13]***	0.193 [3.72]***
有形固定資産比率	0.354 [2.20]**	0.330 [2.13]**	−0.065 [−0.25]	0.378 [2.40]**	0.348 [2.14]**	0.351 [2.30]**
研究開発費比率	3.938 [2.26]**	3.961 [2.37]**	3.017 [1.06]	3.575 [2.08]**	3.884 [2.24]**	3.579 [2.22]**
研究開発費欠損ダミー	−0.006 [−0.08]	−0.025 [−0.34]	−0.158 [−1.76]*	−0.007 [−0.09]	−0.014 [−0.17]	−0.030 [−0.37]
銀行借入比率	0.717 [12.35]***	0.716 [12.88]***	1.000 [8.71]***	0.730 [12.87]***	0.714 [12.47]***	0.727 [13.46]***
定数項	−2.137 [−5.91]***	−2.605 [−7.32]***	−3.998 [−7.52]***	−1.753 [−4.67]***	−2.139 [−5.75]***	−2.217 [−5.93]***
観測数	49,785	49,785	9,714	49,785	49,785	49,785
擬似決定係数	0.06	0.06	0.05	0.06	0.06	0.06
対数尤度	−31,715.19	−31,641.46	−5,974.07	−31,705.13	−31,711.07	−31,626.71

注1:いずれの推定においても、説明変数には年度ダミーおよび産業ダミーが含まれている。
注2:上段は係数、下段の括弧内の値はt値、***、**、*はそれぞれ1%、5%、10%水準で有意であることを示す。
注3:標準誤差の算出に際し、産業レベルでクラスタリングを行っている。

同様、負債発行ダミーを被説明変数とした分析でも、列(1)の推定において
は、潜在的節税便益比率の係数が有意に正の値をとっていることがわかっ
た。このことから、負債の保守的な利用により潜在的な節税効果の増加余地
が大きい企業は、将来時点において負債を利用することによって負債比率を
上昇させていることが示され、仮説1が支持された。また、各ガバナンス変
数を説明変数に含めた列(2)から(5)の分析の結果、経営者持株比率と外国人
持株比率については、仮説2と整合的な結果が得られた。一方、社外取締役
比率については有意な影響が観察されず、市場によるガバナンスについても
一部の推定を除き、負債発行に対する影響はみられなかった。しかし、おお
むね企業価値向上を強く意識した経営を行う企業ほど、潜在的な節税効果の
増加余地が将来時点における負債の発行確率を上昇させる傾向にあることが
わかった。ゆえに仮説2も支持され、節税効果を利用する傾向は、企業価値
向上を強く意識した経営を行う企業ほど顕著であることが合わせて示され
た。

5．結　論

　本章では、まず将来収益のシミュレーションにより企業ならびに時点ごと
の限界税率を測定し、わが国の企業による節税効果の利用状況について検証
した。分析の結果、総資産に対する企業がすでに享受している節税便益の割
合は、1982年度の15.3％をピークに低下基調にあり、2012年度にはわずか
6.6％となっていることがわかった。企業が享受する節税便益が縮小してい
る要因としては、負債依存度の低下、金利の低下、法定実効税率の低下が挙
げられる。また、景気の減退局面においては、課税所得の縮小も影響してい
ると予想される。一方、追加的な費用負担なく、節税効果を享受できる余地
が潜在的にどの程度残されているのかを測定したところ、1982年度には、総
資産比で15.2％だったものが、2012年度には34.1％まで拡大しているという
結果が得られた。
　つづいて、追加的な費用負担をすることなく享受できる節税便益額を総資
産額で基準化した値を潜在的節税便益比率と定義し、これが企業の資本構成
に与える影響を検証した。分析の結果、負債を保守的に利用しており、追加

的な節税効果を享受する余地が大きい企業は、将来時点において負債を発行し、結果として負債比率が上昇することが示された。これは、負債比率の決定要因として節税効果が一定程度の重要性を有することを意味する。また、経営者持株比率や外国人持株比率が高い企業ほど、潜在的節税便益比率が将来の負債発行に寄与する傾向が強いことが合わせてわかった。企業価値向上に対する意識が強い企業ほど節税効果の利用に対して積極的であるという事実は、税金が資本構成の最適水準を規定する一要因であるということを意味する。本章では、従前より指摘されていたこの事実をより明確に示すことで、企業が資本構成の最適水準を認識していることを明らかにしたといえる。その一方で、現状、企業による節税効果の利用が十分に行われているとは言い難く、これは、わが国の企業にとって大きな成長機会である。

　以上が本章の概要であるが、一方でいくつかの課題が残されている。1つ目の課題は、海外における納税の存在を捨象している点である。その是非についてここで議論することはしないが、一部の企業は、英国領ケイマン諸島やバージン諸島をはじめとした租税回避地を利用して、税逃れを行っている。そのため、特に大企業が実際に直面する限界税率は、本章の推定よりはるかに低い可能性がある。2つ目の課題は、限界税率の測定において、欠損金の繰越控除以外の課税控除が考慮に入れられていない点である。実際には投資の税還付をはじめとした種々の制度によって限界税率は低下する。そのため、本章で測定した節税便益比率や潜在的節税便益比率には、上方バイアスが生じている可能性がある。また、3つ目の課題としては、分析対象期間において、節税効果に対する企業の感応度を一定と仮定している点がある。法定実効税率が異なる環境下においては、利払い額が節税便益に与える影響が変化する。そのため、サンプル期間を区切ることで、企業による節税効果の認識がいかに変化したのかを検証する必要がある。

参考文献

國枝繁樹（2010）「日本企業の負債政策と税制：パネル分析」『FSA リサーチ・レビュー』Vol.6、206-241頁

佐々木隆文・米澤康博（2000）「コーポレート・ガバナンスと株主価値」『証券アナリスト・ジャーナル』2000年９月号、日本証券アナリスト協会、28-46頁

手嶋宣之（2004）『経営者のオーナーシップとコーポレート・ガバナンス——ファイナンス理論による実証的アプローチ』白桃書房

堀内昭義・花崎正晴（2004）「日本企業のガバナンス構造——所有構造、メインバンク、市場競争」日本政策投資銀行設備投資研究所『経済経営研究』24(1)、1-95頁

宮島英昭・小川亮（2012）「日本企業の取締役会構成の変化をいかに理解するか？——取締役会構成の決定要因と社外取締役の導入効果」*RIETI Policy Discussion Paper Series*, 12-P-013.

宮島英昭・新田敬祐・齊藤直・尾身祐介（2004）「企業統治と経営効率——企業統治の効果と経路、及び企業特性の影響」『ニッセイ基礎研究所報』Vol.33.

三輪晋也（2010）「日本企業の社外取締役と企業業績の関係に関する実証分析」『日本経営学会誌』Vol.25、15-27頁

米澤康弘・宮崎政治（1996）「日本企業のコーポレート・ガバナンスと生産性」橘木俊詔・筒井義郎編『日本の資本市場』日本評論社、222-246頁

Bradley, M., Jarrell, G. A. and Kim, E. H.（1984）"On the Existence of an Optimal Capital Structure: Theory and Evidence," *Journal of Finance*, 39(3), 857-878.

Chetty, R. and Saez, E.（2005）"Dividend Taxes and Corporate Behavior: Evidence from the 2003 Dividend Tax Cut," *Quarterly Journal of Economics*, 120(3), 791-833.

DeAngelo, H. and Masulis, R. W.（1980）"Optimal Capital Structure under Corporate and Personal Taxation," *Journal of Financial Economics*, 8(1),3-29.

Fama, E. F. and French, K. R.（1998）"Taxes, Financing Decisions, and Firm Value," *Journal of Finance*, 53(3), 819-843.

Frank, M. Z., and Goyal, V. K.（2009）"Capital Structure Decisions: Which Factors are Reliably Important?," *Financial Management*, 38(1), 1-37.

Givoly, D., Hayn, C., Ofer, A. R. and Sarig, O.（1992）"Taxes and Capital Structure: Evidence from Firms' Response to the Tax Reform Act of 1986," *Review of Financial Studies*, 5(2), 331-355.

Graham, J. R.（1996）"Proxies for the Corporate Marginal Tax Rate," *Journal of Financial Economics*, 42(2), 187-221.

Graham, J. R.（2000）"How Big are the Tax Advantages of Debt," *Journal of Finance*, 55(5), 1901-1941.

Gruber, M. J. and Warner, J. B.（1977）"Bankruptcy Costs: Some Evidence," *Journal of Finance*, 32(2), 337-347.

Jensen, M. C. and Meckling, W. H. (1976) "Theory of the Firm: Managerial Behavior, Agency Costs and Ownership Structure," *Journal of Financial Economics*, 3 (4), 305-360.

Kim, E. H. (1989) "Optimal Capital Structure in Miller's Equilibrium," in *Financial Markets and Incomplete Information: Frontiers of Modern Financial Theory*, Vol.2, pp. 36-48, edited by S. Bhattacharya and G. M. Constantinides, Rowman and Littlefield.

Kraus, A. and Litzenberger, R. H. (1973) "A State-Preference Model of Optimal Financial Leverage," *Journal of Finance*, 28(4), 911-922.

MacKie-Mason, J. K. (1990) "Do Taxes Affect Corporate Financing Decisions?" *Journal of Finance*, 45(5), 1471-1493.

Masulis, R. W. (1980) "Stock Repurchase by Tender Offer: An Analysis of the Causes of Common Stock Price Changes," *Journal of Finance*, 35(2), 305-319.

Masulis, R. W. (1983) "The Impact of Capital Structure Change on Firm Value: Some Estimates," *Journal of Finance*, 38(1), 107-126.

Miller, M. H. (1977) "Debt and Taxes," *Journal of Finance*, 32(2), 261-275.

Modigliani, F. and Miller, M. H. (1958) "The Cost of Capital, Corporation Finance and the Theory of Investment," *American Economic Review*, 48(3), 261-297.

Modigliani, F. and Miller, M. H. (1963) "Corporate Income Taxes and the Cost of Capital: A Correction," *American Economic Review*, 53(3), 433-443.

Myers, S. C. (1977) "Determinants of Corporate Borrowing," *Journal of Financial Economics*, 5(2), 147-175.

Myers, S. C. (1984) "The Capital Structure Puzzle," *Journal of Finance*, 39(3), 574-592.

Scott Jr, J. H. (1976) "A Theory of Optimal Capital Structure," *Bell Journal of Economics*, 7(1), 33-54.

第 8 章

IPO アンダーパフォーマンスと所有構造の関連性について

一橋大学大学院商学研究科修士課程修了　宮崎　絵

はじめに

　新規株式公開（以下では IPO と表記）に関する現象として、IPO アンダープライシング、IPO 後の長期的なアンダーパフォーマンス、IPO サイクルの 3 つが広く知られている。これら 3 つの現象は、Ritter（1991）を初期とし、現在までさまざまな国において、効率的な価格形成に対してのアノマリーとして研究が行われてきた。このうち、IPO 後の株式リターンが市場の諸インデックス指数や類似企業と比較して平均して低くなるという IPO 後の長期的なアンダーパフォーマンスに関しては、Ritter（2003）や忽那（2008）などにおいてアンダーパフォーマンスが発生しているという実証結果が報告されているが、その原因については多くの仮説が提唱されており、現在に至るまで統一的な見解は得られていない。

　上記 IPO アノマリーのうち、IPO 後の長期アンダーパフォーマンスの原因についてはさまざまな分析がなされている。日本市場を対象とした研究では、Hamao *et al.*（2000）による、経営者と証券会社を親会社とするベンチャーキャピタリストとの利害対立に注目した研究がある。そこでは証券会社型のベンチャーキャピタリストの利害対立と長期アンダーパフォーマンスとの明確な影響は確認できなかったものの、キャピタリストのタイプによって長

期のアンダーパフォーマンスが異なることが指摘されている。また、独立系・外資系ベンチャーキャピタルによる IPO は、銀行・証券型のキャピタリストの出資による IPO より、相対的に長期アンダーパフォーマンスの程度が弱いことが指摘されている。上場後の業績推移との関係についての研究では、Kutsuna et al. (2002) による JASDAQ 市場への IPO 企業を対象として、IPO 前後の持ち株比率の変化と業績変化の関係を検証したものがあり、分析の結果、IPO 後の営業利益率の低下等の業績悪化が上場前の大株主の持ち分の低下度合いと相関があることが指摘されている。またベンチャーキャピタルの上場後の持ち分比率が業績向上と関係しており、ベンチャーキャピタルを通じたモニタリングが機能していることを示唆している。松本 (2004) では、IPO 時の利益調整が、IPO 後の会計利益や長期的なアンダーパフォーマンスに与える影響を検証しており、IPO 時に利益増加型の利益調整を行った企業ほど、IPO 後の税引前当期純利益や営業キャッシュフローが低下し、株価パフォーマンスが悪化することを確認している。阿部 (2005) では IPO 前後の業績変化の特徴と、業績変化と長期的なアンダーパフォーマンスとの関係を検証しており、IPO 直前では高い収益性を示すが、IPO 後には低下する傾向があり、この収益性の低下が長期的なアンダーパフォーマンスの一因となっていると指摘している。

　本章では、IPO 後に生じる企業特性の大きな変化である、外部株主の参入が IPO 後の長期パフォーマンスに影響を与えている可能性を考慮し検証を行う。IPO と株主構成についての論文はいくつか存在するが、長期パフォーマンスと株主構成についての論文は、国内外ともに数が少なく、そのうちの多くは米国市場を対象とした論文である。Michel et al. (2013) では、1979年から2006年の米国市場での IPO を対象として、IPO によって企業の外部者が株主として参入してくることによる長期パフォーマンスへの影響を分析している。この研究では、4 ファクター・モデルによって推定されたアルファを IPO 後の長期パフォーマンスとし、public float (株式の公開割合) との間に U 字型の非線形の関係があることを報告している。また、その非線形の関係が、企業内部者の経営へのインセンティブと企業外部者の外部ガバナンスの効果のトレードオフ関係に起因している可能性が高いと推測している。しかしながら、Michel et al. (2013) では public float と長期パフォー

マンスとの非線形関係を確認したのみであり、どのような属性の投資家が株式を保有したのかについては分析を行っておらず、非線形関係の原因について直接検証は行っていない。Field and Lowry（2009）では、1980年から2000年の米国市場でのIPOを対象として、機関投資家の株式保有比率が高い企業は4ファクター・モデルによって推定された長期パフォーマンスが相対的に高くなることを報告している。また、機関投資家のIPO企業への投資決定要因についても分析しており、機関投資家は、大型のIPO、社齢の高いIPO企業、担当するアンダーライターの質が高いIPO、IPOの1期前での収益性が高い企業に対して株式保有比率を高める傾向があることを報告している。さらに、それらの投資決定要因について長期パフォーマンスとの関係も分析しており、アンダーライターの質が高く、社齢が高く、運転資本が高い各IPO企業群で、長期パフォーマンスが相対的に高くなる傾向があることを報告している。そして、機関投資家の株式保有比率が高い企業の長期パフォーマンスが相対的に高くなるという現象が、公開情報を利用した機関投資家の投資判断に起因していることを報告している。しかしながら、Field and Lowry（2009）では、機関投資家という属性について分析を行ったのみであり、機関投資家内での属性の差異について生じる長期パフォーマンスとの関係については考察していない。

　以上の米国市場における研究の結果を考慮して、本研究では、最も投資額が大きく株価へのインパクトが大きいであろうと考えられる、外国人投資家、ミューチャルファンド、金融機関の3分類の機関投資家を対象に、長期パフォーマンスについての分析を行う。まず、機関投資家の株式保有比率別にIPO企業の長期パフォーマンスが異なるか検証を行い、次に、IPO企業についての公開情報が機関投資家の投資決定要因に与える影響ついて分析する。その後、それらの投資決定要因が長期パフォーマンスと関係を有するか検証し、最後に、公開情報による投資決定要因をコントロールした上での株式保有比率別で長期パフォーマンスが異なるか検証することで、それぞれの機関投資家の株式保有がIPO企業の長期パフォーマンスに影響を与えうるか分析する。

　本章の構成は下記のとおりである。第1節において、データ、検証に利用する変数の構築方法および検証方法に関して記載する。第2節において、機

関投資家の株式保有比率とIPO後の長期パフォーマンスの関連性を検証する。そして、第3節において、結論を述べることとする。

1. データ

1.1 IPOのデータ

本研究で分析対象企業とする銘柄は、マザーズ、JASDAQ（NEOを含む）、ヘラクレス（NASDAQ-Japanを含む）、TSE、FSE、SSE、NSE、OSE、HSEの9市場に上場したものおよびOTC銘柄のうち1998年1月5日から2009年12月30日までにブックビルディング方式でIPOを行った1562銘柄である。当該IPOに関する情報についてはKaneko and PettwayのHP[1]から取得している。分析に用いたデータは、分析対象銘柄の株価データ、分析対象銘柄の株価との比較に使用するベンチマークとしてTOPIXとJASDAQによって公開されているJASDAQインデックスである。また、無リスク利子率としてオーバーナイト物の無担保コールレートを、Fama-Frenchの3ファクターを作成するために株式時価総額、時価簿価比率を用いている。機関投資家の株式保有比率については、外国人投資家、ミューチャルファンド、金融機関それぞれのIPO後1か月以上11か月以下の期間において最も直近で取得できる株式保有割合のデータをその月の発行済株式数で割った値を用いている。株価や株式保有比率を含む対象企業の財務情報についてはすべて日経NEEDSから取得している。

1.2 カレンダータイム・ポートフォリオ（CTP）・アプローチ

カレンダータイム・ポートフォリオ（CTP）は、カレンダー・クラスタリングでの問題を回避することができる方法として、Lyon, Barber and Tsai (1999) などにより、有効性が主張されている。CTPのリターンは、検証期間内において特定のイベントを行った企業の銘柄にロング・ポジションをとり、それらの平均リターンをとることにより算出される。本研究においては、イベントをIPOと定義している。検証期間は、1998年1月5日から

---

[1] Kaneko and Pettway HP. http://www.fbc.keio.ac.jp/~kaneko/KP-JIPO/top.htm

2009年12月30日の12年間であり、ロング・ポジションをとる期間は、245営業日間の1年間と740営業日間の3年間としている。イベントが起きるたびにポートフォリオにイベントが起きた株式が追加される。また、頑健性のため、CTPの組成において、等加重と株式時価総額でウェイトを付けたものの2つの方法を使用している。

CTPアプローチは、日次の無リスク利子率に対する超過リターンをCAPMとFama-Frenchの3ファクターにCarhartのモメンタムファクターを加えた4ファクター・モデルを用いて回帰し、定数項の推定値を超過リターン（アルファ）とする方法である。本研究では、各ファクターの作成にKenneth R. FrenchのHP上に公開されているdescription & data of Fama / French factorを参考にしている[2]。また、Fama-FranchおよびCarhartの4ファクター・モデルは次のように表される。

$$R_{i,t} - R_{f,t} = \alpha + \beta_1 Mkt_t + \beta_2 SMB_t + \beta_3 HML_t + \beta_4 WML_t + \varepsilon_t$$

ここで、$R_{i,t}$は日次の時点tにおけるCTPのリターンであり、$R_{f,t}$は時点tでのオーバーナイト物の無担保コールレートによって表される無リスク利子率である。Mkt_tは時点tでの市場ファクター、SMB_tは時点tでの小型株効果のファクター、HML_tは時点tでのバリュー株効果のファクター、WML_tは時点tでのモメンタム効果のファクター、ε_tは時点tでの誤差項である。Mkt_tは、分析対象としている全銘柄のリターンを株式時価総額で加重平均し、そこから無リスク利子率を引いて算出した。なお、時系列における自己相関の影響を考慮し、Newey-Westの修正済標準偏差を利用してt値を計算している。

1.3 記述統計量

表8-1は、機関投資家の株式保有比率およびIPO後3年間の期間で4ファクター・モデルに基づき推定されたアルファ（定数項）の記述統計量である。ここでのアルファは小規模株効果、バリュー株効果、モメンタム効果による影響がコントロールされた長期パフォーマンスとなり、その平均値は有意に

---

[2] Kenneth R. French HP, description & data of Fama/French factor http://mba.tuck.dartmouth.edu/pages/faculty/ken.french/Data_Library/f-f_developed.html

表8-1 機関投資家の株式保有比率の記述統計量

切片は、4ファクター・モデルによって、3年間の期間でそれぞれの企業において推定した定数項の係数値。foreignは、IPO後の1〜11か月間における直近の外国人投資家の株式保有比率。mfundは、IPO後の1〜11か月間における直近のミューチャルファンドの株式保有比率。fininstは、IPO後の1〜11か月間における直近の金融機関の株式保有比率。

変数	(1) サンプル数	(2) 平均	(3) 標準偏差	(4) 最小値	(5) 最大値	(6) 10分位点	(7) 25分位点	(8) 50分位点	(9) 75分位点	(10) 90分位点
切片	606	0.0211	0.0454	−0.0879	0.472	−0.0203	−0.00506	0.0111	0.0366	0.0721
foreign	606	0.0447	0.0821	0	0.746	0	0.00285	0.0194	0.0536	0.107
mfund	606	0.0101	0.0244	0	0.195	0	0	0	0.00518	0.0374
fininst	606	0.0831	0.0716	0	0.436	0.00964	0.0311	0.0640	0.123	0.173

ベンチマークを上回っていることがわかる。また、株式保有比率をみると、ミューチャルファンドと外国人投資家の株式保有がゼロであるIPO企業が多いことがわかる。このことから、以降での長期パフォーマンスの分析は、5分位でクラス別に長期パフォーマンスの平均を算出し、そのクラス間での差を検定する手法を用いる。

2．実証結果

2.1 機関投資家とIPO後の長期パフォーマンスの関連性

本項では、各機関投資家の株式保有比率別でIPO企業の長期パフォーマンスに差異が生じているか否かの検証を行う。まず、外国人投資家、ミューチャルファンド、金融機関のそれぞれの株式保有比率について、IPO企業を5分位で分け5つのクラスを作成した。そして、各クラス内の4ファクター・モデルのアルファの平均値を算出し、最も株式保有比率が高いクラスと低いクラスの平均値の差の検定を行うことによって、各機関投資家の株式保有がIPO後の長期パフォーマンスと関係しているか検証する。

表8-2の(1)列は、フルサンプルでの平均値であり、括弧内は平均値がゼロと有意に異なっているかについて検定を行った t 値である。(2)列から(6)列は、それぞれの機関投資家の株式保有比率別のクラスを低いほうから高いほうに並べたものと、t 値である。ミューチャルファンドは、対象としている

表8-2　機関投資家の株式保有比率別の4ファクター・モデルのアルファ

(2)～(6)列の表中の値は、それぞれの機関投資家の株式保有比率を5分位でクラス分けした、それぞれのクラス内での4ファクター・モデルによって、3年間の期間でそれぞれの企業において推定した定数項の係数の平均値であり、括弧内は平均値がゼロと有意に異なるかについてのt値。(7)は、クラス5とクラス1での定数項の係数の平均値の差であり、括弧内はwelchのt値。以上、表8-5～表8-9も同様である。

保有者	(1) フル・サンプル	(2) 1	(3) 2	(4) 3	(5) 4	(6) 5	(7) 5－1
		5分位					
foreign	0.021 ***	0.016 ***	0.020 ***	0.016 ***	0.020 ***	0.033 ***	0.017 **
	(11.42)	(4.81)	(5.58)	(4.94)	(5.14)	(5.68)	(2.56)
mfund	0.021 ***	0.020 ***			0.010 **	0.031 ***	0.011 **
	(11.42)	(8.72)			(2.36)	(7.72)	(2.40)
fininst	0.021 ***	0.026 ***	0.024 ***	0.023 ***	0.022 ***	0.019 ***	－0.007
	(11.42)	(5.52)	(3.81)	(4.96)	(6.57)	(5.42)	(－1.19)

注1：括弧内はt値
注2：＊＊＊$p<0.01$, ＊＊$p<0.05$, ＊$p<0.1$

IPO企業への投資を半数以上行っていないため、第2、第3のクラスは、第1クラスに含まれている。よって、ミューチャルファンドの第2、第3クラスは空欄となっている。(7)列は、それぞれの機関投資家について、最も高いクラスと最も低いクラスのアルファの平均値の差を算出し、Welchのt検定で有意差が生じているか否か検定した結果である。外国人投資家の(7)列をみると、外国人投資家の投資比率が高いIPO企業は、外国人投資家の投資比率が低いIPO企業と比較し、長期パフォーマンスが高くなることが観測され、その値は統計的に有意であることが確認された。また、ミューチャルファンドについても外国人投資家と同様に、ミューチャルファンドの投資比率が高いIPO企業は、ミューチャルファンドの投資比率が低いIPO企業と比較し、長期パフォーマンスが高くなることが観測され、その値は統計的に有意であった。一方で、金融機関については、クラス間でやや平均値は異なるものの、どのクラスでも統計的に有意な差は観測されなかった。

外国人投資家についての傾向を説明する仮説として、

(ⅰ) 外国人投資家によるイグジット型のガバナンスの効果がIPO企業の企業価値を高めている（例えば、外国人投資家比率の低下は、市場にとってよく

ないニュースとなるため IPO 企業にとって、議決権が意思決定に直接影響が及ばない水準であっても脅威となりうることや、プロキシーファイトの可能性などによって潜在的に意思決定に影響を及ぼすなど)。
(ii) 外国人投資家は IPO 企業の長期パフォーマンスに関して私的情報に基づく情報優位な投資家である。
(iii) 外国人投資家は IPO 企業の長期パフォーマンスに関して公開情報に基づく情報優位な投資家である。

の3つが考えられる。また、ミューチャルファンドの傾向を説明する仮説としては、上記の(ii)、(iii)による私的情報または公開情報による情報投資家であるという同様の仮説が考えられる。一方、ミューチャルファンドは、一般的にパッシブな運用を行っているため、アクティブなトレーダーであることから導かれる(i)の仮説は、適応できないと考えられる。金融機関については、他の機関投資家と比較して、株式保有比率が低いクラスでは相対的に高めの長期パフォーマンスを上げていることや、株式保有比率が高いクラスでは相対的に低めの長期パフォーマンスになっていることから、IPO 企業について情報劣位の投資家であるという仮説と、そもそもリターンを目的とした投資を IPO 企業に行っていないという2つの仮説が考えられる。しかしながら、この結果のみでは、観測された差異が、機関投資家のガバナンスによるものなのか、私的情報による取引もしくは、公開情報による取引なのか判断できない。よって、以下では、これらの差異が上記の3つのうちいずれに起因しているのか追加的な検証を行っていく。

2.2 機関投資家の IPO 企業への投資決定要因

本項では、前項で確認した機関投資家の株式保有比率別での長期パフォーマンスの差異の原因を特定するために、まず、どのような公開情報が外国人投資家、ミューチャルファンド、金融機関の IPO 企業への投資決定要因となっているか分析を行う。本研究では、Field and Lowry (2009) の機関投資家の投資決定要因に関するモデルを参考に一部の変数を変更して同様の分析を行った。

表8-3 モデルで利用する変数の定義

	変数定義
own	機関投資家のIPO後1～11か月間における直近の株式保有比率
foreign	外国人投資家の株式保有比率
mfund	ミューチャルファンドの株式保有比率
fininst	金融機関の株式保有比率
X	企業特性
undrank	アンダーライターの質についての変数：当該企業の主要アンダーライターが、当該企業を含めたIPO企業について主要アンダーライターを担当した数で計測
ln(proceeds)	公開価格×公開株式数の自然対数値
ln(age)	設立からの社齢の自然対数値
salesgrowth	売上高成長率(IPO時点の2期前から1期前の売上高の増加割合)
liabi_a	負債総額/総資産額(IPO時点の1期前)
WC	運転資本(IPO時点の1期前)
price_runup	(offer price-mid file price range)/mid file price range
roa	営業利益/総資産額(IPO時点の1期前)

$$\ln\left(\frac{own_i}{1-own_i}\right) = \alpha + bX_i + \varepsilon_i$$

上記の式は、分析に用いたモデルであり、機関投資家の株式保有比率を表す own_i および投資決定要因となる企業特性 X_i は、変数が多く記述しきれないため表8-3にまとめている。

　左辺については、予測値が−1から1を取るようにロジット変換を施している。また、右辺側の投資決定要因になると予測される企業特性 X_i はそれぞれ下記のとおりである。まず、IPO企業を担当するアンダーライターの質を捉える変数として、当該企業の主要アンダーライターが当該企業を含めて他の企業のIPOの主要アンダーライターを担当した数を用いる。IPOの案件の規模を表す変数として、公開価格に公開株式数を掛けたものの自然対数値を用いる。社齢の変数として、IPOまでの企業の設立からの年数を用いる。成長性を指標として、IPO前年の売上高成長率を用いる。安全性および負債の利用度を捉える変数として、IPO前年の負債総額を総資産額で割った変数を用いる。キャッシュ余剰を捉える変数として、IPO前年の流動資産から流動負債を引いた値である運転資本を用いる。IPOに対しての市場の需給を捉える変数として、プライス・ランナップを用いる。収益性の

表8-4　機関投資家のIPO株への投資決定要因

被説明変数は、各機関投資家の株式保有比率をロジット変換した値。コントロール変数は、それぞれ表8-3のとおりである。括弧内は、t 値である。

変数	(1) logitforeign	(2) logitmfund	(3) logitfininst
undrank	0.00166**	0.000894	0.000535
	(2.288)	(0.825)	(1.339)
ln(proceeds)	1.070***	0.578***	0.209***
	(12.49)	(4.521)	(4.433)
ln(age)	−0.397***	−0.159	0.420***
	(−2.789)	(−0.746)	(5.353)
salesgrowth	0.0593	0.0131	0.00174
	(1.238)	(0.184)	(0.0658)
liabi_a	0.156	0.316	0.493
	(0.270)	(0.365)	(1.542)
WC	0.205	−0.301	−0.278
	(0.389)	(−0.383)	(−0.957)
price_runup	0.150	0.0412	−1.595*
	(0.0942)	(0.0174)	(−1.823)
roa	0.700	2.095	0.0497
	(0.699)	(1.402)	(0.0901)
切片	−13.28***	−14.74***	−5.205***
	(−10.90)	(−8.111)	(−7.757)
年ダミー	Yes	Yes	Yes
産業ダミー	Yes	Yes	Yes
観測数	606	606	606
決定係数	0.404	0.127	0.264

注1：括弧内は t 値
注2：***$p < 0.01$, **$p < 0.05$, *$p < 0.1$

指標として、営業利益によるROAを用いる。また、IPOする年度や、産業の異なりによって生じる影響をコントロールするため、それぞれIPOした年度の年度ダミー、産業大分類に基づく産業ダミーをモデルに入れている。Field and Lowry（2009）のモデルとは、ベンチャーキャピタル・ダミーが入っていないという点と収益性の指標をEBITの正ダミーからROAに変更している点、売上高を産業による変動が大きいことを考慮して売上高成長率に変更した点、アンダーライターの質について、Field and Lowry（2009）では外部機関の指標を用いていたがアンダーライティング業務の担当数に変える

ことで簡易的にしている点、産業ダミーを加えたという5点で異なっている。

表8-4は、機関投資家のIPO株への投資決定要因に関する回帰分析の結果である。まず、金額ベースの公開株式数量（以下、proceeds）については、いずれの機関投資家もプラスで有意となっており、より大型のIPOであるほど投資をする傾向があることがわかる。これは、米国市場におけるField and Lowry（2009）の機関投資家の傾向と同様の結果であり、投資決定要因となっているというよりも、機関投資家が個人投資家より投資額の関係から大口のIPOの受け手となりやすいことを単に反映した結果であると考えられる。また、アンダーライターの順位については、外国人投資家のみがプラスで有意となっている。これは、Field and Lowry（2009）の機関投資家の傾向と同様の結果であるが、ミューチャルファンドと金融機関については、有意な結果が得られていないという点で異なっている。

また、Field and Lowry（2009）において、アンダーライターの質が高いIPO企業は長期パフォーマンスも高いことが指摘されていることから、外国人投資家が米国市場の傾向を日本市場においても適応した結果である可能性が推測できる。ageについては、外国人投資家がマイナスで有意、金融機関がプラスで有意となっている。外国人投資家については、Field and Lowry（2009）の機関投資家のより社齢の高い企業に投資を行うという傾向と真逆の結果となっている。また、金融機関については、より社齢の高い企業のほうが、一般的に債権債務などの取引関係のつながりが強いことから、利害関係によってIPO株を所有していることが考えられ、金融機関の相対的な長期パフォーマンスの低さがIPO企業への投資がリターンを目的としたものではないことに起因している可能性が高いことが考えられる。

運転資本（working capital、以下WC）について、Field and Lowry（2009）において米国市場では、機関投資家の投資とやや弱いプラスの傾向が観測されていたが、本分析では、いずれの機関投資家においてもゼロと有意に異ならないという異なった結果が得られている。また、Field and Lowry（2009）において米国市場では、収益性の変数と機関投資家の株式保有比率がプラスの関係があることが観測されたが、本研究では、収益性についての指標であるROAはいずれの機関投資家においても係数がゼロと有意に異ならないという結果であるという点で異なっている。また、プライス・ランナップが金融

機関のみやや弱いマイナスの関係がある点も米国市場では観測されていない。本節では、外国人投資家が、アンダーライターの質が高く、IPO の規模が大きく、社齢が若い企業に投資を増加させる傾向があること、ミューチャルファンドが IPO の規模が大きい企業に投資を増加させる傾向があること、金融機関が、IPO の規模が大きく、社齢の高い企業に投資を増加させる傾向があることを確認した。次項では、IPO 後の長期パフォーマンスの機関投資家の株式保有比率別の差異が、これらの企業特性に起因するものなのか否か検証を行う。

2.3 企業特性と IPO 後の長期パフォーマンスの関連性

表8-5は、機関投資家の投資決定要因となる企業特性と IPO 後の長期パフォーマンスとの関係を分析した結果である。それぞれの企業特性を5分位でクラス化しそれぞれのクラスについて4ファクター・モデルから推定されたアルファの平均値と検定の結果を示している。それぞれの列と表記については、表8-2と同様である。また、アンダーライターの順位については、第4クラスと第5クラスが4分位と5分位で分けることができないため、クラス5とクラス1の差の検定は、クラス1とクラス4の間で行っている。

最初、アンダーライターの順位によって5分位した場合の長期パフォーマンスへの影響に注目する。クラス5とクラス1の間の差の検定では、長期パフォーマンスと有意な関係を見て取ることはできなかった。これは、Field and Lowry（2009）の米国市場における、アンダーライターの質と長期パフォーマンスの正の関係が観測されたことと異なった結果となっている。また、外国人投資家のアンダーライターの順位を重視する傾向と不適合な結果である。つづいて、*proceeds* で5分位した場合、クラス5とクラス1の「間の差の検定では、長期パフォーマンスと有意な関係を見て取ることはできなかった。これは、Field and Lowry（2009）の米国市場における結果と同様の結果であり、IPO の案件の大きさと長期パフォーマンスの関係がないことを示唆している。そして、前述の株式保有比率とのプラスの関係が、単に機関投資家が大口の IPO の引受手となる可能性が高いことに起因しているという考察をサポートするものであるといえる。次に、*age* によって5分位した場合、クラス5とクラス1の間の差の検定では、より社齢の若い IPO 企

表8-5　企業特性別の4ファクター・モデルのアルファ

企業特性	(1) フル・サンプル	(2)	(3)	(4)	(5)	(6)	(7)
		5分位					
		1	2	3	4	5	5−1
underwriter rank	0.021*** (11.42)	0.024*** (4.93)	0.019*** (4.24)	0.025*** (7.69)	0.018*** (6.52)		−0.006 (−1.00)
ln(proceeds)	0.021*** (11.42)	0.024*** (6.65)	0.016*** (4.13)	0.024*** (5.53)	0.020*** (3.91)	0.023*** (5.99)	−0.001 (−0.22)
ln(age)	0.021*** (11.42)	0.038*** (6.14)	0.032*** (7.85)	0.011*** (4.07)	0.017*** (5.48)	0.008*** (2.65)	−0.030*** (−4.41)
WC	0.021*** (11.42)	0.015*** (5.15)	0.019*** (3.92)	0.022*** (5.18)	0.022*** (5.08)	0.028*** (6.74)	0.013*** (2.67)

注1：括弧内は t 値
注2：*** $p<0.01$, ** $p<0.05$, * $p<0.1$

業が社齢の高いIPO企業より長期パフォーマンスが高くなることが観測された。フルサンプルと比較しても、社齢が若い企業はきわめて高い長期パフォーマンスであり、社齢が高い企業はきわめて低い長期パフォーマンスであることがわかる。これは、Field and Lowry（2009）の米国市場における社齢の高さと長期パフォーマンスの正の関係が観測されたことと真逆の結果となっている。また、外国人投資家の社齢の若さをより重視する傾向と適合した結果となっており、社齢について外国人投資家が合理的な判断を行っており、この傾向が外国人投資家のIPO企業について高い長期パフォーマンスを得られている一因となっていることがわかる。一方で、金融機関の社齢の高さをより重視する傾向と不適合な結果となっており、金融機関の相対的な長期パフォーマンスの低さがIPO企業への投資がリターンを目的としたものではないことに起因している可能性が高いことをサポートする結果であるといえる。また、この差異が生じたメカニズムについては、本研究では、明言することは難しく、4ファクター・モデルで捉えきれない何らかの企業特性を反映した結果であると考えられる。最後に、WCによって5分位した場合、クラス5とクラス1の間の差の検定では、より運転資本が高いIPO企業が運転資本の低いIPO企業より長期パフォーマンスが高くなることが観測された。これは、Field and Lowry（2009）の米国市場における分析と同様の結果である。このスプレッドは、キャッシュの余剰による倒産リスクの低

減効果を反映している可能性が高いと考えられる。また、米国市場においては、WCと株式保有比率にプラスの関係がみられており結果と適合しているといえるが、前述のとおり、日本市場における機関投資家はいずれもWCと株式保有割合に有意な関係はみられず結果と不適合な傾向であるといえる。

　以上の結果から、各機関投資家の投資決定要因となりうる公開情報と、IPO企業の長期パフォーマンスに影響を与える公開情報を確認してきた。次の項では、これらの公開情報である企業特性をコントロールした上で、依然として機関投資家の株式保有比率別で長期パフォーマンスのスプレッドが生じるか否か検証を行うことで、2.3で観測された長期パフォーマンスの機関投資家の株式保有比率別の差異が公開情報によるinformed tradeによるものなのか、それともそれ以外によるものなのか分析を行っていく。

2.4　機関投資家と長期パフォーマンスの関連性の発生原因

　本項では、前述の公開情報による企業特性に依存するIPO企業への投資比率への影響をコントロールした上で、機関投資家の株式保有比率とIPO企業の長期パフォーマンスの関係が観測されるか否か分析する。まず、IPOの投資決定要因のモデルに基づき予測値を推定する。次にその実測値との差である残差をとり、その残差を公開情報によらない株式保有比率の変動部分と考え分析を行っていく。ここでの残差は、私的情報に起因する部分を主とした公開情報によらない投資決定要因を表していると考えられる。次に、それぞれの残差を5分位でクラス化しそれぞれのクラスについてIPO後の3年間を推定期間とした4ファクター・モデルから推定されたアルファの平均をとることによって、一時的な投資決定要因の影響を平準化し、私的情報による影響のみを抽出する。そして、その後、クラス5とクラス1の間で差の検定を行うことによって私的情報による投資決定要因が長期パフォーマンスの差異をもたらしているか否か検証を行う。

　表8-6は、投資家の決定要因の分析おいて計算した残差を基準としたクラス別のアルファの平均とポートフォリオ間の差の検定を行った結果である。表のそれぞれの表記については、表8-2と同様になっている。(7)列をみると、いずれの機関投資家においても残差によって、長期パフォーマンスの差が生

表8-6 残差別の 4 ファクター・モデルのアルファ

機関投資家種別	(1) フル・サンプル	(2)	(3)	(4)	(5)	(6)	(7)
		\multicolumn{5}{c}{5分位}		5-1
		1	2	3	4	5	
fresid	0.021 ***	0.022 ***	0.014 ***	0.023 ***	0.021 ***	0.025 ***	0.003
	(11.42)	(6.08)	(4.21)	(5.67)	(4.03)	(6.15)	(0.61)
mresid	0.021 ***	0.026 ***	0.017 ***	0.020 ***	0.012 ***	0.030 ***	0.004
	(11.42)	(5.16)	(4.42)	(5.07)	(3.51)	(7.55)	(0.61)
finresid	0.021 ***	0.018 ***	0.024 ***	0.018 ***	0.020 ***	0.026 ***	0.008
	(11.42)	(4.54)	(4.82)	(4.88)	(4.95)	(6.59)	(1.51)

注1：括弧内は t 値
注2：*** $p<0.01$, ** $p<0.05$, * $p<0.1$

じていないことがわかる。このことは、いずれの機関投資家も私的情報による投資判断では、IPO 企業の長期パフォーマンスを得ることができていないことを示唆しているといえる。同時に、外国人投資家とミューチャルファンドについて、公開情報に基づいた投資判断が、観測された株式保有比率と長期パフォーマンスの関係の要因となっている可能性が高いことがいえる。

また、本研究では、追加的に 1 年を推定期間とした 4 ファクター・モデルから推定されたアルファを短期パフォーマンスとして、2.1 や本項と同様の分析を行った。その結果は、表8-7から表8-9のとおりであり、ほとんどの分析において、期間を変えてもいくつかの点において有意水準がやや異なる程度で大きな変化はみられなかった。しかしながら、本項と同様の残差の検証においては、表8-9でみられるように、金融機関の残差が高いクラスが低いクラスと比較して、統計的に有意に短期パフォーマンスが高くなることが観測された。この結果は、金融機関では、IPO 後の短期間においてのみ私的情報による取引が可能であることを示しているといえる。また本研究では、直接検証できたわけではないが、この私的情報が金融機関の投資先の IPO 企業との取引関係から生じていると推測できる。

以上の分析において、本研究で観測された機関投資家の保有比率別の IPO 企業の長期パフォーマンスの差異が、公開情報による投資判断のみに起因するものであることが示された。また、短期間においては、金融機関だけが私的情報による取引が可能であることがわかった。しかしながら、これ

表8-7 機関投資家の株式保有比率別の4ファクター・モデルのアルファ（1年間）

	(1)	(2)	(3)	(4)	(5)	(6)	(7)
		5分位					
機関投資家種別	フル・サンプル	1	2	3	4	5	5-1
foreign	0.039*** 8.36	0.023** (2.382)	0.042*** (4.563)	0.027*** (2.837)	0.036*** (3.595)	0.068*** (5.162)	0.045*** (2.738)
mfund	0.039*** 8.36	0.038*** (6.219)			0.021** (2.033)	0.056*** (5.94)	0.019* (1.655)
fininst	0.039*** 8.36	0.047*** (3.632)	0.026** (2.436)	0.033*** (3.098)	0.043*** (5.356)	0.046*** (5.006)	−0.001 (−0.04)

注1：括弧内は t 値
注2：***$p<0.01$, **$p<0.05$, *$p<0.1$

表8-8 企業特性別の4ファクター・モデルのアルファ（1年間）

	(1)	(2)	(3)	(4)	(5)	(6)	(7)
		5分位					
企業特性	フル・サンプル	1	2	3	4	5	5-1
underwriter rank	0.039*** 8.36	0.043*** (3.973)	0.034*** (3.302)	0.041*** (4.748)	0.039*** (4.66)	0.000*** (0)	−0.004 (−0.315)
$\ln(proceeds)$	0.039*** 8.36	0.044*** (4.486)	0.034*** (3.464)	0.044*** (3.635)	0.029*** (2.685)	0.045*** (4.562)	0.002 (0.137)
$\ln(age)$	0.039*** 8.36	0.062*** (4.516)	0.071*** (6.433)	0.012 (1.372)	0.029*** (3.46)	0.021*** (2.579)	−0.041** (−2.551)
WC	0.039*** 8.36	0.023*** (2.778)	0.030*** (3.23)	0.044*** (4.373)	0.049*** (4.506)	0.050*** (3.777)	0.027* (1.714)

注1：括弧内は t 値
注2：***$p<0.01$, **$p<0.05$, *$p<0.1$

は、機関投資家のIPOへの投資決定要因の分析で利用したモデルに、公開情報を起因とする投資決定要因がすべて含まれていると仮定していることに起因する。機関投資家のIPO企業に対する他の投資決定要因が存在する場合、公開情報のコントロールが不完全であることや、公開情報と私的情報以外の継続性のある投資決定要因が存在することが考えられ、残差が純粋に私的情報の影響のみを反映するものでなくなる可能性がある。このことから、最後のインプリケーションに関してはより精緻な分析を行い、改善していく余地があるといえる。

表8-9 残差別の4ファクター・モデルのアルファ（1年間）

機関投資家種別	(1) フル・サンプル	(2)	(3)	(4)	(5)	(6)	(7)
		5分位					
		1	2	3	4	5	5-1
fresid	0.039 *** 8.36	0.036 *** (3.49)	0.031 *** (3.02)	0.044 *** (4.48)	0.035 *** (3.07)	0.050 *** (4.67)	0.014 (0.96)
mresid	0.039 *** 8.36	0.039 *** (3.32)	0.043 *** (3.96)	0.040 *** (3.99)	0.018 * (1.81)	0.055 *** (6.04)	0.016 (1.05)
finresid	0.039 *** 8.36	0.025 ** (2.3)	0.026 ** (2.17)	0.038 *** (4.38)	0.045 *** (4.01)	0.063 *** (6.72)	0.038 *** (2.6)

注1：括弧内は t 値
注2：*** $p<0.01$, ** $p<0.05$, * $p<0.1$

3．結　論

　本研究では、IPOによる企業の構造の変化のうち、機関投資家が株主となることがIPO企業の長期パフォーマンスへ影響を与えうるか、財務情報および株主構成についての情報が取得可能な企業について検証を行った。まず、はじめに機関投資家のうち、外国人投資家とミューチャルファンドと金融機関の3つの投資家の株式保有比率別に5つのクラスに分類し、そのクラスごとで、3年間の期間での4ファクター・モデルに基づいて推定されたアルファに有意差が生じているか否か検定を行った。その結果、外国人投資家とミューチャルファンドにおいて、株式保有比率が高いクラスが低いクラスと比較して、高い長期パフォーマンスを得ていることが確認された。

　次に、確認された有意差の原因を特定するために、どのような公開情報が外国人投資家、ミューチャルファンド、金融機関のIPO企業への投資決定要因となっているか、各機関投資家の株式保有比率をロジット変換したものを被説明変数とし、いくつかの投資決定要因となりうるような企業特性を説明変数として回帰分析を行った。その結果、外国人投資家が、アンダーライターの質が高く、IPOの規模が大きく、社齢が若い企業に投資を増加させる傾向があること、ミューチャルファンドが、IPOの規模が大きい企業に投資を増加させる傾向があること、金融機関が、IPOの規模が大きく、社

齢の高い企業に投資を増加させる傾向があることを確認した。

　また、機関投資家の投資決定要因となる企業特性がIPO後の長期パフォーマンスとの関係を有しているか、それぞれの企業特性を5分位でクラス化しそれぞれのクラスについて4ファクター・モデルから推定されたアルファに有意差が認められるか否かで検証した。その結果、社齢が若いクラスは高いクラスに比較して、より高い長期パフォーマンスが得られていることと、運転資本が高いクラスは低いクラスに比較して、より高い長期パフォーマンスが得られていることが確認された。最後に、前述の投資決定要因についてのモデルから推定された残差を公開情報に依存しない私的情報に起因する部分を主とした投資判断の変数とし、それぞれの機関投資家別の残差を5分位でクラス化しそれぞれのクラスについて4ファクター・モデルから推定されたアルファに有意差が認められるか否かで検証した。その結果、いずれの機関投資家においても、残差によって長期パフォーマンスの差が生じていないことが観測された。また、追加的に、アルファの推定期間を1年に変更した短期パフォーマンスに同様の分析を行った。その結果、金融機関においてのみ残差が高いクラスが低いクラスに比較して、高い短期パフォーマンスを得ていることが観測された。このことは、金融機関がIPO後の短期間においてのみ私的情報による取引が可能であること示しているといえる。

参考文献

Field, L. C., and Lowry, M.（2009）"Institutional versus individual investment in IPOs: The importance of firm fundamentals," *Journal of Financial and Quantitative Analysis*, 44(3), 489-516.

Hamao, Y., Packer, F. and Ritter, J. R.,（2000）"Institutional affiliation and the role of venture capital: Evidence from initial public offerings in Japan," *Pacific-Basin Finance Journal*, 8, 529-558.

Kutsuna, K., Okamura, H. and Cowling, M.（2002）"Ownership structure pre- and post-IPOs and the operating performance of JASDAQ companies," *Pacific-Basin Finance Journal*, 10(2), 163-181.

Lowry, M.（2003）"Why dose IPO volume fluctuate so much?" *Journal of Financial*

Economics, 67, 3-40.

Lyon, J. D., Barber, B. M. and Tsai, C. L. (1999) "Improved methods for tests of long-run abnormal stock returns," *The Journal of Finance*, 54(1), 165-201.

Michel, A., Oded, J. and Shaked, I. (2013) "Ownership structure and performance: Evidence from the public float in IPOs," *Journal of Banking and Finance*, Forthcoming.

Ritter, J. R. (1991) "The long-run performance of Initial Public Offerings," *The Journal of Finance*, 46(1), 3-27.

Ritter, J. R. (2003) "Investment Banking and Securities Issurance," Chapter 5 of North-Holland *Handbook of the Economics of Finance* edited by George Constantinides, and René Stulz.

阿部圭司 (2005)「JASDAQ市場における新規株式公開の長期パフォーマンス」高崎経済大学論集、48(1)、33-44頁

忽那憲治 (2008)『IPO市場の価格形成』中央経済社

松本守 (2004)「新規株式公開における利益マネジメントと長期パフォーマンス」『経済論究』119号、115-131頁

索引

ア

アノマリー　45, 49
アンダーパフォーマンス　171
アンダーライター　173
安定調達比率　83
1月効果　27
イベント・スタディ　8
ウィンドウ・ドレッシング　27

カ

外国人投資家　173
外国人持株比率　155, 162, 163
価格の情報効率性　3
価格リバート　4
過大評価　3
株式譲渡税　28
株式保有比率　173
株主構成　172
空売り　3
カレンダータイム・ポートフォリオ　174
機関投資家　27
キャッシュフロー計算書　83
キャピタル・クランチ　90, 101, 103
銀行リスク　65
金融機関　173
クラスター・ロバスト推定　124
経営者持株比率　154, 161, 163
欠損金の繰越控除　146, 152

限界便益曲線　153, 157
公開情報　186
高税率期間　31
公的資金注入政策　90, 91, 101
個人投資家　27
固有ボラティリティ　46, 55

サ

裁定の限界　46, 55
自己資本比率　66, 102
――規制　66, 90, 91, 101
市場インデックス　4
市場競争　155, 162, 163
システマティック・リスク　45, 54
私的情報　186
資本構成　115
社外取締役　155, 162, 163
準備預金制度　91, 92
新規株式公開　171
ゼロ金利政策期　94
潜在的節税便益比率　154, 159
潜在的な節税便益　146, 158

タ

貸借銘柄　5
タックス・ロス・セリング　27
中税率期間　31
超過準備預金　87

──比率 87, 91, 102
低税率期間 31
投機的 3
倒産費用 145, 148, 160
倒産リスク 45, 48
投資活動リスク 45, 47
投資家の洗練度 46
トータルリスク 75
取引コスト 46, 56

ナ

二元配置固定効果推定 123, 127

ハ

バーゼルⅢ 71
バリュー効果 45, 49, 54
非伝統的金融政策 87, 90, 111
ファームスペシフィックリスク 75
不良債権比率 102
ペナルティー率 100, 103
ベンチャーキャピタル 172
簿価時価比率 45, 47
補完当座預金制度 95, 100
保険窓販 83
捕食的な 4

マ

未実現利益 32
ミスプライシング 45, 55
ミューチャルファンド 173

銘柄除外 4

ヤ

預貸率 67
予備的動機 89, 91, 100, 102
4ファクター・モデル 172

ラ

ランダム効果 123
──推定 127
リスクテイクチャネル 84
リバーサル 27
流動性 4
流動性カバレッジ比率 83
流動性創出 83
流動性リスク 66
量的緩和政策 94, 100
レファレンス・ポイント 30
ローリング・ポートフォリオ・アプローチ 29
ロバスト・ハウスマン検定 124

IPO 171
MM理論 115
Pooled-OLS推定 123, 127
VIF（分散拡大要因） 126
Zスコア 75

執筆者紹介

高橋　秀朋（編者）──────────────────（第1章・第2章）
　　　　　　　　　　　奥付参照

以下、章別順

胥　　鵬　しょほう（Xu, Peng）─────────────（第1章）
法政大学経済学部教授
主著："Trading activities of short-sellers around index deletions: Evidence from the Nikkei225,"（with H. Takahashi）*Journal of Financial Markets*, vol.27, 2016.／「買収防衛策イン・ザ・シャドー・オブ株式持合い」『商事法務』1874号、2009年／『社債市場の育成と発展──日本の経験とアジアの現状』（編著）法政大学比較経済研究所研究シリーズ22、法政大学出版局、2007年

塩見　直也　しおみ なおや ─────────────────（第3章）
法政大学大学院経済学研究科博士後期課程
主著：「失われた10年における投資と株式リターンの関係──借入比率による分類からの分析」法政大学大学院修士論文、2014年

安田　行宏　やすだ ゆきひろ ────────────────（第4章）
一橋大学大学院商学研究科教授
主著："Business risk disclosure and firm risk: Evidence from Japan"（with H. Kim）Research in International Business and Finance, forthcoming, 2017.／"The adoption of stock option plans and their effects on firm performance during Japan's period of corporate governance reform"（with N. Hasegawa and H. Kim）*Journal of the Japanese and International Economics*, 44, 13-25, 2017.／『経営価値ベースのERM』（茶野努氏と共編著）中央経済社、2016年

長田　健　おさだ たけし ──────────────────（第5章）
埼玉大学人文社会科学研究科・経済学部准教授
主著："Banks Restructuring Sonata: How Capital Injection Triggered Laber Force Rejuvenation in Japanese Banks,"（with K. Onji & D. Vera）*The B. E. Journal of Economic Analysis & Policy*, 17(2), 2017.／"Negative impacts of capital injection policies on the capital crunch, evidence from Japan," *Asia Pacific Economic Papers*, No.391, Australia・Japan Research Center, Crawford School of Economics and Government, 2011.／「資本注入

政策のキャピタル・クランチ促進効果」『金融経済研究』31号、2010年

木内 卓　きない たく ──────────────────────（第6章）
埼玉大学大学院人文社会科学研究科博士後期課程
主著：「銀行の自己資本比率に関する歴史的分析──日本の都市銀行の長期財務・株価データを用いて」『経済科学論究』第15号、2018年／「銀行の自己資本の役割と決定要因」埼玉大学大学院博士論文、2018年／「銀行の資本構成の決定要因」埼玉大学大学院修士論文、2017年

岡本 弦一郎　おかもと げんいちろう ──────────────（第7章）
日本政策投資銀行
主著：「生産の海外移転と負債・現預金の両建て保有」『金融経済研究』39号、38-56、2017年／「負債の借換費用と企業の資本構成」『社会科学研究』（東京大学）67号、103-122、2016年／「資本構成の調整手段について──日本の上場企業データによる実証分析」『経済経営研究』（日本政策投資銀行設備投資研究所）34(4)、1-48、2013年

宮崎 絵　みやざき かい ────────────────────（第8章）
一橋大学大学院商学研究科修士課程修了
主著：「IPO後の長期パフォーマンスに関する研究──アンダーパフォーマンスの再検証及び機関投資家の所有構造との関連性について」一橋大学大学院商学研究科修士論文、2016年

編者紹介

高橋 秀朋（たかはし ひでとも）
法政大学経済学部准教授
1981年東京都生まれ
一橋大学商学部卒、商学修士（一橋大学大学院商学研究科）、商学博士（一橋大学大学院商学研究科）
主著
"Trading activities of short-sellers around index deletions: Evidence from the Nikkei 225," with Peng Xu, *Journal of Financial Markets*, 27, 132-146, 2016.
"The effect of bank-firm relationships on sell-side research: Evidence from financial deregulation in Japan," *Journal of Financial Services Research*, 46, 195-213, 2014.
"Short-sale inflow and stock returns: Evidence from Japan," *Journal of Banking and Finance*, 34, 2403-2412, 2010.

法政大学比較経済研究所 研究シリーズ32
金融市場における規制・制度の役割
2018年3月20日／第1版第1刷発行

編　者	法政大学比較経済研究所／高橋 秀朋
発行者	串崎 浩
発行所	株式会社日本評論社

〒170-8474　東京都豊島区南大塚3-12-4
　　　　　　電話　03-3987-8621（販売）
　　　　　　　　　03-3987-8601（編集）
　　　　　　https://www.nippyo.co.jp/
印刷所　精文堂印刷株式会社
製本所　株式会社松岳社
装　幀　菊地 幸子

©2018　Institute of Comparative Economic Studies, HOSEI University　検印省略
Printed in Japan
ISBN 978-4-535-55905-9

JCOPY 〈(社)出版者著作権管理機構　委託出版物〉

本書の無断複写は著作権法上での例外を除き禁じられています。複写される場合は、そのつど事前に、(社)出版者著作権管理機構（電話03-3513-6969 FAX03-3513-6979 email: info@jcopy.or.jp）の許諾を得てください。
また、本書を代行業者等の第三者に依頼してスキャニング等の行為によりデジタル化することは、個人の家庭内の利用であっても、一切認められておりません。